50问
稻盛和夫

枣儿 著

山西出版传媒集团
山西人民出版社

图书在版编目(CIP)数据

50问 稻盛和夫/枣儿著.— 太原：山西人民出版社，2023.6
ISBN 978-7-203-12828-1

Ⅰ.①5… Ⅱ.①枣… Ⅲ.①企业管理—经验—日本—现代 Ⅳ.①F279.313.3

中国国家版本馆CIP数据核字(2023)第083329号

50问 稻盛和夫	
著 者：	枣 儿
责任编辑：	魏美荣
复 审：	崔人杰
终 审：	梁晋华
装帧设计：	孙健予
出 版 者：	山西出版传媒集团·山西人民出版社
地 址：	太原市建设南路21号
邮 编：	030012
发行营销：	0351-4922220 4955996 4956039 4922127（传真）
天猫官网：	https://sxrmcbs.tmall.com 电话：0351-4922159
E-mail ：	sxskcb@163.com 发行部
	sxskcb@126.com 总编室
网 址：	www.sxskcb.com
经 销 者：	山西出版传媒集团·山西人民出版社
承 印 厂：	山西出版传媒集团·山西人民印刷有限责任公司
开 本：	890mm×1240mm 1/32
印 张：	8.5
字 数：	190千字
版 次：	2023年6月 第1版
印 次：	2023年6月 第1次印刷
书 号：	ISBN 978-7-203-12828-1
定 价：	68.00元

如有印装质量问题请与本社联系调换

序　言

如果用一句话来概括我为什么要写这本书，我想大概和自己在疫情发生第一年时的事业转型有关吧，故事要从2020年说起。

2020年的春节和以往都不一样，新型冠状病毒在这个时间开始蔓延。特殊时期，大家讨论最多的除了健康问题，就是每个人都关心的工作话题了，对于这个话题，其中涉及的不外乎这么三种情况。

第一种情况是按部就班的一批人，他们在自己的工作岗位上年复一年地工作着，从没有想过辞职这回事，疫情的到来让这一批人把铁饭碗抓得更牢了；第二种情况是在疫情期间连自己都感到庆幸的一批人，他们在年前本想辞掉当下的工作，但考虑到新年这个档期，所以没有在年前辞职，计划过完年后再作辞职打算，因此这一批人侥幸享有疫情居家期间的合法带薪"假期"；最后一种情况可以说是不那么走运的，就是在回家过年前已经把工作辞掉，打算年后开启职场新生涯的一批人。

我呢，做事向来比较利落，当属最后一种，而关于这次辞职，我自己都觉得有点"蓄谋已久"的意思。

早在2019年下半年，我就有了辞职的打算。我的职业道路转型为撰稿人之前，可以用"波折"来形容，虽然人生第一份工作（实习）是在央视网，之后工作的地方也大多以央级媒体为主，但不知道为何，总觉得人生少了点什么。

我很小的时候有过一个很不成熟的梦想，大概是想要在将来从事写文章的工作。多少年过去了，成年后的自己一直在媒体打拼，做的工作也是在不停地写稿，要么就是在写节目策划案。好像也实现了小时候的梦想，可我知道，被动地写和自己主动写根本就是两回事。

职场中的我们，所思所想都围绕工作，哪有可能为了自己的喜好去动笔？或许正是多年在职场中的这种被动状态，让我迫切想要发生改变，将被动化为主动。自此，离开传统职场的念头就在心底悄悄产生了。

那我是如何与稻盛和夫哲学结缘的呢？其实，2020年之前，我对稻盛和夫这个人以及"稻盛哲学"一无所知。

2020年5月份，全国疫情控制平稳，在家待了近半年的我，拖着沉重的行李箱和在家吃得臃肿的身体再次北上找工作，想想这应该是第三次进京了。第一次是在2012年，即将大学毕业的我去到央视网，成为科教频道的一名实习网络编辑。当时的新媒体刚在国内兴起，能在一个新兴行业的初始发展阶段就上车，是多么美好的职场开幕式啊，何况又是在央视这样的平台。如今回想起来，虽然10年过去了，当时那个斗志昂扬的自己还真是让人喜欢啊。

第二次是在2018年，这一年我在香港研究生毕业，经过香港《亚洲周刊》短暂的工作后，我还是决定回到内地工作。我应聘到北京阳光传媒集团《杨澜访谈录》栏目组做编导，记得节目组这一年正在进行的项目是纪录片《探寻人工智能》。这是我所有职场经历中最开心的一份工作，为什么这样说？因为对于一个媒体科班出身的人来说，一定会有一个行业内的偶像和一种节目形式是自己追随和喜欢的。杨澜在媒体多年的打拼和她的《杨澜访谈录》对我正是这样的存在，我喜欢访谈，喜欢记录真实的、正能量的人、事、物。只是在节目制作完成后，身处北京的我依然没有那种心落地的感觉，于是我毅然选择再次南下，去到我前几年事业和人生真正起步的城市深圳发展。

2020年，我30岁，第三次进京。这次没有"漂"的意思了，想找个城市固定下来，最后还是选择了离老家内蒙古比较近，也是之前生活和工作过的城市北京来做人生栖息地。这次去到北京的我，还是凭借不错的工作履历应聘到央视一档栏目组。可惜啊，因北京疫情暴发，栏目暂停拍摄，自然不需要更多的工作人员，我就这样还没去上班就再次失业了。

一直以来生性有些好强的自己对"天无绝人之路"这句话深信不疑，我相信就算失业了还是会有工作机会，只要自己有能力，肯努力，就这么简单。此时在北京出租房的我再次开始疯狂投简历，除了投记者和编导岗位外，这次我竟然无意间投了出版社撰稿人的岗位。

运气也不错，我获得了面试机会。由于北京当时的疫情严重，我无法亲自到出版社进行面试，出版社负责面试的前辈同城邮寄给我三本书，那三本书正是日本企业家稻盛和夫的《活法》《稻盛和夫的哲学》《稻盛和夫自传》。前辈嘱咐我一定要认真读，并在读完之后写写自己的理解，我很认真地照前辈的话去做，边读边做笔记，也知道这就是出版社在试稿了。当然，结果也是可喜的，我的文字获得认可，就这样我和出版社确立了合作关系，成为撰写稻盛和夫哲学著作解读的一名撰稿人。

因为这份工作是自由撰稿人的形式，所以我并不需要到出版社坐班，只需要和出版社签了相关合作合同之后，按对方的要求在规定时间内完成稿件的撰写，之后直接发邮件给出版社相关负责人即可。

此时撰稿工作是确定了，可北京的疫情还在继续。当晚，一个人躺在狭窄的出租屋，之前在北京工作过的那种压迫感再次袭来，何况这次还是在疫情下，我又一次在北京这座城市里迷失了方向。

眼看下个月的房租也要交了，租房中介在微信里不停地问我："下个月还住吗？住的话要提前交租。"现在回想起来有些鬼使神差的感觉，我竟然想都没想直接回了对方一句："不住了。"是盛夏的北京闷热的天气让人烦躁吗？我知道并不是那样。可离房子到期也只剩不到一周的时间了，之后我又要到哪里去，自己都不清楚。

当时快要30岁的我经历着从未有过的人生感受，那感受是落空，是说不出的难受。这一晚，还是躺在北京一间犄角旮旯出租房的我漫无目的地翻看着手机，又不知道自己在看什么，无意间打开手机最下方的日历才想起一件事来，原来再有两个月自己的生日就要到了呀，到时候就是30岁的人了。

30岁，不停地奔波，事业和人生都还没有一个稳定的着落。别说这些了，就连一个像样的生日都没有给自己过过，每次生日的时候，都是下班后一个人买点吃的，像往常一样填饱肚子就休息了，只是在第二天醒来时才感叹：这一年的生日终于过去了啊。

想到这些的我情绪难以自控："不行，起码我要给自己过一个像样的30岁生日。"北京适合起早贪黑的工作，不适合我在这里过重要的30岁。所以我要离开这里，可去哪儿呢？

疫情当下，当时全国好像也只有西藏没有疫情。走，那就去西藏吧，"去西藏给自己过一个像样的30岁生日吧"。心想反正西藏这个远方迟早是要去的，那么早晚都一样，何况当下也只有想到西藏的时候让自己内心有期盼了。为了做到给自己30岁生日一个满满的仪式感，2020年7月底，我从北京坐着火车到了拉萨。

如今的我不知不觉中已经在拉萨生活了快三年的时间，30岁也早过去了，包括对30岁的焦虑也一并过去了。在拉萨，一边给北京的出版社撰写稻盛和夫的稿件，一边在这片陌生的高原上感受着这里的一切。

接下来有一件惊喜的事情发生了，在我写稻盛和夫著作解读的过程中，我发现自己慢慢被稻盛和夫的思想影响，刚开始是为了写稿去写稿，慢慢的，我竟然不自觉地对稻盛和夫的相关书籍读了又读，有时只顾着读竟然忘了动笔去写。尤其是读到《稻盛和夫自传》《活法》《思维方式》《京瓷哲学》和《稻盛和夫的哲学》这几本书时，我被稻盛先生的个人经历以及从人生实践中获得的哲学思想所吸引。之后我和当时面试我的那位出版社前辈沟通了自己的这一变化，前辈听后很高兴。面对我的这种改变，前辈嘱咐我以后还要继续阅读稻盛和夫的哲学。

当时的我不明白为什么，2021年下半年我完成了出版社的撰稿工作，写完了稻盛先生近20本书籍的解读稿后，我第一个想法竟然是想再读一遍稻盛先生的这几本核心书籍。这一读不要紧，更萌生了想要把稻盛先生重要的哲学思想结合当下的热点话题写下来的想法，于是就有了我的这本《50问 稻盛和夫》。

从接触稻盛和夫的思想开始，我自己的工作、生活也发生了很大变化，最大的变化应该是没有了之前的焦虑，整个人变得更加踏实和善于思考了。对于30+的我来说，这是值得欣慰的。

本书中，我围绕稻盛和夫哲学思想中的50个比较重要甚至是最常见的核心观点展开解读，并以这些哲学观点为核心在书中设置了50个问题，这些问题正是我在阅读、撰写过程中思考的地方，我也希望能让看到这些问题的读者朋友们同样有所思考。不敢说我解读的稻盛和夫哲学有多么深刻、准确，但起码能保证我会用最简洁的语言，并结合自己的亲身经历对稻盛先生的思想进行解说或认证。何况绝对的标准是不存在的，我能做的是依据事实尽最大努力客观书写，此书不求学术性，但求实用性。

2022年的8月对我来说是到西藏后最悲伤的一个月份。

疫情发生三年后，西藏暴发了第一波疫情，也就是在这个时期，稻盛先生去世了。看到稻盛先生去世这一消息的那天上午，我还在对本书的文字内容做最后的校对工作……

想想这几年在西藏的日子，我无比感谢这片土地对我的庇佑，也正是在这片安静祥和的雪域高原，我能完全静下心来做自己的撰稿工作，并有幸撰写完成了稻盛和夫的哲学解读稿。在撰写过程中，我发现自己的认知在不断得到提升，更是在稻盛哲学的影响下，确定无疑地走上撰稿人这条路，我打算像稻盛先生一样，在自己认定的事情上"付出不亚于任何人的努力"，终让理想成为现实。至此，自己总是悬着的那颗心才算彻底落地了，之后的日子里再没有了迷茫，因为我已经清楚地知道自己要什么以及要干什么。

为了感谢在我人生处于困境时出现的"稻盛哲学"，我最终决定零稿酬出版此书。有了解过稻盛和夫经营事迹的人或许会说，这是在效仿稻盛和夫当年零薪酬出山拯救日本航空一事吗？我的答案：是，也不是。之所以说是，是因为两件事情虽然比重不同，但做法却一致，"零稿酬""零薪酬"背后是要做成一件事情的决心体现。只是在我这个写作者这里，又有了另一层含义，那就是为了表达我对"稻盛哲学"及稻盛和夫先生的感恩、怀念之情。作为稻盛和夫哲学思想解读的撰稿人，今天这样的做法更多是情意，也是个人心意。

不可否认的是，今天我的一切美好心境和处境都曾和"稻盛哲学"有关，如果没有"稻盛哲学"，没有"要将愿望渗透到潜意识"的忠告，我不会辞掉工作，如此坚定地在撰稿人这条路上走下去；如果没有"稻盛哲学"，没有"如果有空去烦恼，不如去干活"的思想，我也不会消除一直以来伴随自己的焦虑情绪，全身心地投入写作中去；如果没有"稻盛哲学"，我更不可能有机会出版此书。

大师无国界，希望稻盛先生一路走好。同时也万分感谢在此书出版过程中，山西人民出版社对本书稿内容及出版事宜的全权支持与帮助。

最后，希望借此书出版的机会，能将"稻盛哲学"再次传播。把"稻盛哲学"曾经带给我的那份美好也一道传播出去，愿更多的人能够从中有所收获，并终将收获美好。

目　录

人生篇

爱情长久真的那么难吗？　/003

如何做到不去烦恼？　/009

你的愿望真的有去想吗？　/015

喜欢自由也有错？　/020

人生还有方程式？　/025

今天你"谢谢"了吗？　/030

孩子受父母的影响有多深？　/036

如今还需"少年苦"？　/041

想成为完美主义者吗？　/046

人生要分阶段活？　/051

心态到底有多重要？　/057

你被自己的年龄限制了吗？　/062

一个人的"活法"为何影响了一群人？　/067

人生困境如何渡？　/072

最会省钱的人原来是稻盛和夫？　/076

怎么将不可能变成可能？　/081

谦虚能"辟邪"吗？　/085

作为人，什么是正确的？　/090

花钱也需讲究"道"？　/095

命运起伏因何在？　/100

遇事要来点勇气？　/105

幸福人生有无答案？　/110

人生这出戏怎么演为好？　/116

传奇人生还在继续？　/122

事业篇

工作怎么成了人生最好的修行？　/133

职场要讲情吗？　/138

你可以自我燃烧吗？　/143

领导者什么资质最重要？　/148

企业要不要走多元化发展之路？ /153

中国智慧如何影响日本"经营之圣"？ /158

你向神灵祈求了吗？ /163

挂在嘴边的"六项精进"到底是什么？ /168

开展事业要摒弃哪"三毒"？ /173

钻研创新有多难？ /178

为什么要付出不亚于任何人的努力？ /182

领导者的能量场是怎样的？ /187

做企业如同做教育？ /191

"有意注意"是什么？ /195

"京瓷哲学"怎么被说得那么简单？ /199

如何用智慧让员工团结起来？ /204

稻盛和夫的成功能否被复制？ /208

企业经营也要"致良知"？ /212

什么人能成为稻盛和夫的秘书？ /217

稻盛和夫如何通过"日航哲学"收获人心？ /222

事业成功和"心"有关？ /227

日航重建也符合人生方程式吗？ /232

企业人的马拉松比赛是怎样的？ /237

经营为什么需要哲学？ /242

极致的利他存在吗？ /247

对灵魂也要有要求？ /250

人生篇

爱情长久真的那么难吗？

> 妻子与我相识至今，从未有过一句怨言。京瓷创业之初，无论吃的穿的，我都没能让她满足，她也没有任何不满。
>
> ——稻盛和夫

我们今天熟知的经营之圣稻盛和夫有着成功企业家的标签，但是关于他的家庭生活我们知道得却少之又少，只能从稻盛先生的个别书籍中拾得只言片语。从这些有限的文字信息中可以看到，一位出色企业家拥有的也不过是柴米油盐般的平凡爱情生活。

作为一个拥有两家世界500强企业的成功企业家，稻盛和夫的伴侣又过着一种什么样的生活呢？这一定是大众非常好奇的。或许在我们的想象中，这位女士多半像很多影视剧中的富太太一样，每天出入高级餐厅，享用豪华佳肴，手提名牌包，面着艳丽妆容，走着豪门阔太的"奢侈风"路线。别说只有影视剧中才会出现这样的桥段，在如今物质丰富的时代，早已不是一个多么难以捕捉的稀缺画面。

只是可惜，为什么说"可惜"？因为"剧情"并没按照大家的想象走，企业家稻盛和夫的夫人须永朝子并不是这样的女人。正相反，她打破了世俗对传统阔太太的印象，重新塑造了成功企业家身边一位勤俭、朴素、低调的伴侣形象。

稻盛和夫26岁时从工作了3年的松风工业辞职之后，年轻美丽的须永朝子义无反顾地嫁给了已经失业的稻盛和夫。也就是在这一年，稻盛和夫在几个朋友的支持下有了创业的打算。可想而知，一个陪自己丈夫创业的女人，她的生活一定少不了奔波和辛劳。

"京瓷创业之初，无论吃的穿的，我都没能让她满足，她也没有任何不满。"从稻盛和夫这样的叙述中，足以看出他们当时生活的不易，但就是这样的生活境况，也没让这小两口产生过家庭危机。

一个大部分时间都用来忙于事业的丈夫，难免受到家人的抱怨，尤其是来自伴侣的不满，这样慢慢就有可能让原本幸福的家庭出现裂痕。面对社会中存在的这种现象，稻盛和夫感到很困惑，为什么说困惑呢？因为即使在自己创业之初最忙最无心照顾家庭和妻子的时候，他的家庭也没有发生过类似要"解散"的情况。别说创业之初了，就是稻盛和夫一生的家庭生活中，几十年来也从未有过这样的问题。

当然，这和作为丈夫的稻盛和夫处理家庭矛盾的方法有着很大的关系。就拿回家晚这件事来说，当事人要有足够的理由才能过得了妻子这一关，大部分人会解释说自己在外面工作多么多么辛苦，不得不加班导致回家晚。我们并不是质疑这件事的真实性，毕竟为生活努力拼搏的人占了多数。但是，总有个别的人会用谎言来掩盖自己一些吃喝应酬行为，回到家之后，干脆采取不解释、不沟通的冷处理方法。

那拥有两家企业的大忙人稻盛先生是怎么做的呢？我觉得他的做法值得所有事业型的丈夫来学习。一直以来，不管回家是早是晚，稻盛先生都会做一件事，就是沟通。他会和妻子讲述当天公司里发生了什么事情，有时妻子忙家务没空听他讲述，稻盛先生还会把公司的事儿说给孩子们听，让孩子们也知道自己的父亲整天在外忙些什么。

之所以这么做，稻盛先生有自己的理由。作为一家企业的领导者，要掌管公司的大小事务，所以白天他和妻子几乎没有单独的交流时间，而妻子作为家庭主妇的主要工作又是照顾家庭和孩子，对丈夫在外面的具体工作一定不了解。如果双方长期不沟通，夫妻感情势必会产生隔阂。所以，作为丈夫，一定要让家里的妻子知道自己在工作中到底忙些什么。从伴侣的角度来看，当妻子知道丈夫每天在公司忙什么时，也会在心里产生和丈夫一起工作的感觉，那妻子就不会轻易出现不满的情绪，反而还能理解丈夫在外工作的辛苦，夫妻关系也会越来越融洽，家庭才会长久和睦下去。

这样的沟通习惯稻盛先生一坚持就是几十年，也正是这种习惯让他们的婚姻生活虽平淡却也美满。当然，在一段成功的婚姻中，夫妻二人除了要互相沟通，揭开彼此的"神秘"面纱，从而相互体谅、相互理解之外，自然还少不了我们常说的要具有相似的价值观。

在稻盛夫妇相处的过程中，夫妻二人就有着几乎一致的价值观。稻盛和夫从打工仔到知名企业家，也积累了不少财富，但对他和妻子来说，崇尚节俭一直是他们的生活习惯。

在日常生活中，须永朝子和阔太太的形象毫不沾边，反而是一位非常俭朴的家庭主妇。他们结婚时穿过的衣服、鞋子，多少年之后还舍不得丢弃，一直保存着。针对妻子这种节俭美德，身为丈夫的稻盛和夫非常认可，他觉得妻子的节俭行为在一定程度上也让自己时刻保持着谦虚的态度，即使自己的事业再成功，也不会轻易迷失自我。妻子是他的榜样，稻盛和夫笑称这也是一种"夫妻相"。

自古爱情就有多种形式，又始终逃不出叫人愁伤的结局，比如有月下思人的：

月出皎兮，佼人僚兮。舒窈纠兮，劳心悄兮。

还有明知不能在一起还是心生爱慕之情的：

洵有情兮，而无望兮。

或是尼采笔下热烈、直接的表白：

我想念你：为此
泪水长流——是的，我爱你！

抑或是席慕蓉笔下对16岁花季的怀念：

爱原来是一种酒
饮了就化作思念
而在陌生的城市里
我夜夜举杯
遥向着十六岁的那一年

16岁，相信美好的不止是年纪，更有可能是16岁那一年遇到的那个人。美好的爱情有时昙花一现，往往走得最急的还是最美的时光。能携手走到最后，除了当初浓烈的情感做支撑外，一定少不了彼此间的理解和包容。

企业家稻盛和夫的爱情没有像他的事业一样，有着那么多让人关注的荡气回肠，他的爱情故事也只是与一个人的相濡以沫、白头偕老。恋爱中的男男女女，是否更应该像稻盛和夫夫妇一样去珍爱对方呢？

但这一切的美好又都需要遵循一个前提，就是要符合"麦穗理论"。麦田里又大又黄的麦穗有很多，而我们每个人只有一次采摘的机会，谁都想拥有那个最好的，但真的有最好吗？即使有，能在麦田里找到吗？人生只此一次，且不能走回头路，你确定是要追求虚无缥缈所谓的"最好"，还是认清爱情的本质后，只找寻那个最适合自己的麦穗？

两种选择的背后是两种不同的人生，千万不要因为盲目和贪心，错过了最适合自己的那个麦穗，让原本可以满格的幸福值突然清空。如果你有幸遇到了那个适合自己的麦穗，就请毫无疑虑地将其"摘下"，并不再心心念念其他麦穗，然后带着自己独有的这份勇敢向前走，去找寻只属于两个人的长久幸福。

爱情的模样有很多种，并且千变万化，要想爱情圆满，还是要花时间和精力去经营，像稻盛和夫对待爱情的态度一样，"执子之手，与子偕老"，也学一学稻盛和夫经营爱情的技巧，"知己知彼，幸福又长久"。

如何做到不去烦恼？

> 如果有空去烦恼，不如去干活。
>
> ——稻盛和夫

毫无疑问，烦恼属于一种消极情绪。

"不好意思，临时有点事，去不了了。"
"对不起，我们分手吧。"
"这个方案你怎么做得这么差？"

这三句话不少人在生活中都听到过，面对爽约、失恋、受到上司批评的情况，是不是下意识会有一种失落感，消极情绪不请自来，进而开始自我烦恼？

面对这些情况，我们应该怎么办呢？

在"稻盛哲学"中有一个关于"烦恼"不成文的理论，他认为摆脱烦恼的最佳方法就是不去烦恼。乍一听，这不是说了等于没说吗？但我想说，我们真的按此方法去试了吗？既然知道不去烦恼就可以没有烦恼，为何不尝试一下？

回归这篇文章的主题，怎么做可以"不去烦恼"？

从个人角度来说，如果我遇到烦恼，往往会选择做一直想做但还没有机会做的事，比如旅行，到一个陌生的地方去走走。因为对于有烦恼的人来说，旅行最大的意义就在于，在旅途中会认识新的朋友，接触新的事物，让身心获得一种从未有过的全新感受，这么一来原本的烦恼就会自然消退。

当然，摆脱烦恼的方法不只旅行一种，不同的人有不同的方法。我身边有一类人，他们会将眼下的忧愁转为力量，反而开启了另一种全新的生活。比如，这类人通常在人生不顺利的时候选择再学习，即使只是学习一项新技能，也能让自己振奋起来，像跳舞、唱歌、画画、学外语或是报一个金融学习班，等等。

以上提到的一些摆脱烦恼的方法，我相信很多人也曾尝试过，方法较为普遍。我们来看一下日本企业家稻盛和夫在遇到烦恼的时候又是怎么做的呢？

关于这个问题，稻盛先生有5种解决方法，我们一起来学习一下。

第一，如果有空去烦恼，不如去干活，付出不亚于任何人的努力。

第二，要谦虚不要骄傲。

第三，要每天反省，反省同烦恼不同。

第四，要知足，活着就要感谢。

第五，不要老是考虑自己，而要更多地为别人着想，要具备利他之心。

对于第一点，相信不少人在遇到烦心事的时候多多少少都尝试过，那就是当烦恼的时候，将注意力转移到工作中去，通过工作让自己忙起来，为的就是不去想那些烦心事。但有一个问题，在这个过程中，我们有没有付出了不亚于任何人的努力呢？

之所以问这个问题，是因为它背后隐藏着很多的工作智慧。稻盛先生大学毕业后，经人托关系才找到一家企业工作，没想到这是一家连工资都发不起的公司。这种情况让一同进去的几个新人相继辞职，稻盛先生也曾想过离开，可惜跳槽无门，无奈之下，他就选择留了下来。

虽然留下来了，但公司不堪的状况让稻盛和夫整天无精打采，毫无斗志可言。一段时间后，他逐渐想明白了，如果继续这样下去，情况还是不会好转，他只能自己做出改变。于是，稻盛和夫破釜沉舟，把锅碗瓢盆、被褥统统搬到实验室，整天大门不出二门不迈，把全部心思都放在技术研发上。结果出乎所有人的意料，包括他自己。很快，稻盛和夫成功合成了镁橄榄石，这项成果属于日本首例，自此，一切开始进入良性循环。

让我们设身处地想一下，假如我们是当时的稻盛和夫，会不会有他这般魄力。烦恼每个人都有，如不称心的工作、不如意的情感关系，但人生想要有不一样的结果，如何去做才最重要。放弃是一种方法，继续也是一种方法，但如何继续却是另一回事。

当然，不是只有处在困境中的人才有烦恼，已经获得成功的人同样也会有烦恼，这才是稻盛先生强调接下来那几点的原因。对于成功的人来说，物质得到满足后，精神世界是不是同样需要去充实？或许成功之人面临的问题更多。比如，如何去守护自己的财富？如何获得更多财富？有了财富之后，名望呢？有了名望之后，地位呢？等等等等，让人烦恼的问题只会越来越多。

因此，保持"谦虚"、适当"反省"、懂得"知足"、心生"感谢"是多么重要的事。如此这般照做下来就足够了吗？答案是：还不够。那还差在哪里？不知有没有发现，以上说的这些都是从"我"出发的：

"我"要通过工作让自己不去烦恼；

"我"要付出超越任何人的努力；

"我"要谦虚不骄傲；

"我"要自我反省；

"我"要懂得知足常乐；

"我"需要感谢自己所拥有的一切。

一切从"我"出发势必让问题呈现主观性。因此，稻盛哲学中的一个核心观点就要显现了，那就是"利他"之心。

作为人，我们需要抑制"利己"心，发扬"利他"心，不要时刻把自己放在所有事情的中心思考，要为他人着想。有人或许不赞同这一观点，认为自己都处在很困难的情况下，哪有心力去帮助他人？其实这么做和我们自身的处境如何没有多大关系，任何人都可以培养"利他"心。在稻盛和夫看来，这些只不过是作为人的基本准则。

况且，我们的很多烦恼还是来源于对未来不可预见的恐惧。人类习惯把简单的事想得过于复杂，尤其是对一件事情进行过度揣测，以至于产生虚无的烦恼。

例如在文章开头提到的朋友爽约问题，我们换个角度来思考，也许对方真有急事呢？那相比这件急事来说，一顿饭又算得了什么呢？另一方面，若是朋友因为自身原因没来赴约，如果彼此是多年的好朋友，对朋友的品行也都了解，那对方之后应该会弥补先前爽约的失礼行为，或者择日再约，以此表示歉意。

至于恋人要分手的问题，如果是对方提出分手，或许是我们自己哪里做得不够好，通过分手也可以认识到自己的不足，从而及时补救。反之，如果是对方的原因，如另有所爱或已经有越轨行为，那就更不必烦恼了，显然这不是良缘。既然事情已成定局，唯有放手才是良策，不是放过对方，而是放过自己。

那遇到被领导批评的情况呢？我认为，首先以一种专业的职场人思维去考虑这件事会更好，这样烦恼就会减半。想一想是不是自己的方案真的做得不够好？人不容易承认自己的错误，但在职场中，必须有勇气去承担这种责任，这是职场人的基本素养。试想，如果方案真的做得不错，那客户为什么没有采用？这说明方案中存在对方不满意的地方，老板这样说也是对事不对人，这样想，是不是就可以理解了？

有过生活历练的人或许清楚这么一件事，那就是人的烦恼有时是因为太关注自己，太容易把发生的问题和自身联系在一起，正是这样的"想象力"让烦恼不断滋生。如果我们能学着不再只是执着于自己，烦恼就会减少，很多事情的真相也会显现。

就拿被领导批评这件事来说，一个成熟的职场人其实只需要继续润色方案就可以了，没必要自己心里烦恼，"玻璃心"是很难在职场生存的。或者也可以这样去想："不就是改个方案嘛，又不是被开除丢工作，多大点事儿。"这样自我安慰式的思维方式可以让自己把注意力马上放到工作上。从另一角度来分析，企业家稻盛和夫也曾这样鼓励过自己，那就是对所有发生在我们身上的事怀有感恩之心。对于一个职场人来说，只要工作还在，感恩之心就不可或缺。

持有这样正面的思维方式，烦恼就会慢慢被感恩之情、感谢之心所替代。苦乐尽在一念之间，别让消极的情绪操控了你我。

你的愿望真的有去想吗？

> 要让愿望渗透至潜意识，就必须睡也想，醒也想，反复地思考，透彻地思考，将思维高度聚集于这一愿望。
>
> ——稻盛和夫

之所以有这篇文章，是因为在我看来，我们身边有理想的人实在是太多太多，小到生活理想，大到人生理想，但最后真正能实现理想的人却少之又少。那么，问题到底出在哪里呢？

用日常思维去分析，答案不外乎这样几个：不努力、付出不够、没耐力，或者有苦衷而不得不放弃……这些原因其实都说得过去，但也只是停留在行动层面，认为这些人是因为没有采取实际行动才导致理想没有实现。殊不知，问题或许早已出现，还是出现在主导行为的意识层面，毕竟意识影响着我们的行为。

如果有人告诉你他在某个领域未来一定能够做到世界第一，或者目前的小工作室一定能在不远的将来经营到世界第一的水平，而说这话的人目前还只是一个普通的打工仔，又或者还是个饥一顿饱一顿的"漂一族"。这时,你会不会认为此人精神有点问题,说话嚣张不着调,没有正确的自我认知,进而联想到人品不可靠?

我想告诉大家的是,现实世界中还就真有这么一个人,他把这种要成为"世界第一"的所谓大话变成了活脱脱的现实。此人就是拥有两家世界500强企业,并可以在一年时间里让破产的日本航空扭亏为盈,被称为日本"经营之圣"的稻盛和夫。当然,说这话的时候,稻盛和夫还没有取得今天的辉煌成绩,当时他还只是个不知天高地厚的毛头小子。

京瓷刚成立时只是一个街道小工厂,办公地点和厂房都是租借来的,就是在这种情况下,还不到30岁的稻盛和夫对仅有的几名员工说过这样的话:

> 虽然现在我们租借宫木电机的仓库创立公司,但我们一定要成为原町第一的公司。成为原町第一后,目标就是西之京第一;成为西之京第一后,目标就是中京区第一,接下来是京都第一,实现了京都第一,还有日本第一;成了日本第一,当然要做世界第一。

不难想象,员工听了稻盛和夫的话,和在职场中听到老板"画大饼"的感觉是一样的,可稻盛和夫这个饼未免画得也太大了点吧,什么成为世界第一,一个街道小工厂有一天能成为日本第一就是奇迹了，大家觉得稻盛和夫这个人可笑至极，满脑子不切实际的想法。面对来自手下人的质疑和不信任，稻盛和夫并没有失望，反倒只要是闲下来的时候，就会把员工聚在一起，再给大家念叨这个京瓷迟早要成为世界第一的事儿。

毕竟是公司的老板，你可以不相信他说的话，但你却不能阻止他说话，所以每次员工就这样有一句没一句地听着，连稻盛和夫后来回想起这个事情时，都说自己当时真像在念经一样向员工们灌输这个"世界第一"的目标。或许是听太多次了，加上每次稻盛和夫都能保持认真激昂的演说状态，他的话开始渐渐打动员工，以至于在不知不觉中员工们也好像对这个"世界第一"的愿景似信非信起来。这从员工们的日常工作就可以看出来，大家明显越来越努力，工作态度也越来越认真了。

如今的京瓷所获得的成就，让当初稻盛和夫的豪言壮语直接变成了现实，在精密陶瓷领域里，京瓷也早已发展成世界第一。其重要原因，稻盛先生自认为就是公司一开始经营时就设定的要成为世界第一的强烈愿望。正是这样始终如一的宏伟愿景，促使京瓷由小工厂一步步向着"世界第一"的集团目标进发。

看完稻盛先生的这一段创业经历，恐怕没有几个人敢在毫无依据的情况下给自己和自己的公司设立如此大的目标。或许有些创业者也曾这样给自己的创业项目定过宏大的目标，但重点是"想"之后的"为"是怎样的？

当年稻盛和夫在说完这样的豪言壮语之后，京瓷并没有在短时间内发生显著变化，反而经历了一段较长时间的艰难起步期。那段时间，就连作为老板的稻盛和夫晚上都要在实验室里做实验，白天充当销售员出去推销产品，同时还要找合作伙伴。

所以，并不是说一个人有成为世界第一的愿望，他的事业就一定会成功，也不是反复念叨自己的愿望就会成功，而是要在敢想的基础上还要敢于付出行动，在去想去做、敢想敢做的前提下才有可能成功。稻盛和夫认为还要避免在确定目标之后出现给自己留后路的情况，像"或许吧""可能吧""也可以""还不错"这样的话，在稻盛先生看来绝对不能说，因为这样的话只会让自己好不容易确定的坚定目标发生动摇，以致力量减退，达到最终目标的可能性就会降低。

因此，稻盛和夫哲学里的"想"可不是一般人理解的普通的想想而已，而是要达到一种强烈的、确信无疑的程度。用稻盛先生的观点来阐述就是：

> 要让愿望渗透至潜意识，就必须睡也想，醒也想，反复地思考，透彻地思考，将思维高度聚集于这一愿望。这样的话，即使在睡着的时候潜意识也会持续不断地工作，将自己引向愿望实现的方向。

看了稻盛和夫对"想"的阐释后，试问，这样的"想"又有几个人能够做到呢？说到这里，也就不难理解为什么有些人可以做到梦想成真，而有些人也只是想想便罢。

如果再听到一个人今天说"我想去考一个教师资格证"，明天说"我还想再读个研究生"，后天又说"我想还是先找份稳定的工作吧"之类的话，我认为，此时没有多大必要去认真附和对方。这样的"想"或许只是意识层面的想想而已，说不准连他自己都不确定到底要做什么，改天一觉醒来，自己说过什么也许都不记得了。

相反，如果有一天你听到一个人很认真地说了自己的一个想法，这个想法可以关于学业、关于工作，又或许是关于日常生活中的一个小目标，并且在一段时间之后，对方执着的想法、坚定的语气、乐观的心态都还没有发生改变，更重要的是还在为他的想法付出实实在在的努力。那我要说，你就要"小心"了，你眼前的这个人在不久的将来很大概率会实现他的小目标，与这样的人交朋友要趁早啊。

当然，最后一句"与这样的人交朋友要趁早"是句玩笑话，但这样敢想敢做、有心有为的人，我们与之交为朋友，彼此之间多多交流，相信对自身成长也是有益无害的，这大概就是我们常说的拥有正能量的人吧。

无论是一个小小的想法，还是一个大大的愿望，首先要做到敢去想，敢去谋划，直到有一天"想"到要去为之付出行动的程度，并能将行动持续保持。这样坚持不懈，我们心底埋藏的理想之花才有可能绽放。

喜欢自由也有错?

> 人之所以为人,之所以能发展进步,基本的要素就是自由,就人的本质而言,自由极为重要。但正是这个最重要的自由,实际上恰恰是我们人类造恶的原因之一。
>
> ——稻盛和夫

相信很多人读过这首诗:

生命诚可贵,爱情价更高。
若为自由故,二者皆可抛。

此诗句出自匈牙利诗人裴多菲的《自由与爱情》,记得初读时自己不过十几岁年纪,当时实在不理解"自由"怎么会大过"爱情",甚至是大过"生命"呢?

如今转眼已是而立之年,再读此诗,竟颇有同感,首先能肯定的是追求自由绝对不是一件容易的事。自由本身可以理解为一种行为方式，人类追求自由，不过是追求一种行为方式而已，像追求自己喜欢的某种生活方式一样。

但自由又不仅仅是一个简单的课题，有人认为自由要依靠一定的物质基础才能实现，同时自由并非"绝对自由"，它还受限于伦理道德等。看来世人所追求的自由，或许真的是有限自由，根本就没有绝对的自由存在。

在自由面前，爱情和生命这两个重大人生课题都瞬间逊色，那自由到底有何不同？我自身也是一个喜欢追求自由的人，十几年的职业生涯不停辗转于北、深、港三座城市，最后为了一个"自由"，30岁的时候从一名大平台的媒体编导记者转型为一名全职撰稿人，并且直接从一线城市搬到了雪域高原西藏拉萨，开始了一个文字创作者的旅居生活。这其中最大的驱动力，便是自由。

我从没想过自由有任何负面意义，只是一股脑地向着更进一步的自由靠近。直到作为稻盛和夫哲学著作签约撰稿人的我读到了"稻盛哲学"中一个关于"自由"的思考，才开始有条件地看待自由。

稻盛和夫在经营企业的同时，也十分关注社会问题，比如稻盛和夫曾思考过青少年犯罪问题。在稻盛先生看来，这个问题背后的原因和我们所说的自由其实有着不可分割的关联。

在普遍认知里，拥有自由主要意味着拥有自由选择的权利，包括对人、对事、对物的选择。可以说，拥有自由，就好像拥有了全能型的自我一样，想做什么都可以实现。

拥有自由之后，自己可以由内而外彻底改变。但若从更深层次去剖析，这样的改变到底有没有顺应宇宙最初的美好意志，这才是值得关注的地方。

接着来讲稻盛和夫的观点。现代教育中有种常见现象，那便是孩子从小就被教育要拥有自主性，老师、家长也在时刻培养孩子们的自由个性。加上如今社会物质充盈，大部分孩子从小生活在衣食无忧的家庭中，以至于有的孩子只知道食物是用来填饱肚子的，却不知道食物到底从哪儿来。这也不能全怪孩子，因为对不少家长来说，家庭教育中就没有培养孩子这方面观念的概念，甚至已为人父为人母的他们对食物本身都没有多少概念。铺张浪费的成年人比比皆是，在餐厅就餐时，只要稍加留意，不时会看到满满当当的一桌子菜无人问津。小孩子的认知是有限的，所以需要身边的成年人来指导，如果成年人本身行为不当，那恐怕就堪忧了。

如果孩子教育不当，贪图享受，那势必落入过度自由的陷阱，会表现出什么现象呢？拥有自由之后，孩子就会行使自己的自由，若使用不当就会变成滥用自由。加之人类本身的欲望作祟，不知不觉中自身的思维模式就会主导其行为。如果孩子不能控制自己的言行，就容易滋生事端。在稻盛和夫看来，青少年犯罪事件的发生就是经历了这样一个过程。

一个人喜欢自由、追求自由，这件事本身并没有错，但信奉自由至上，或者不当使用，直到过度使用自由，就会导致自由本来的意义发生扭曲。因此，追求自由也要有度，尤其是要让孩子知道这世上并没有绝对的自由，有些事可以做，有些事绝对不可以做。

在稻盛和夫看来，那么小的年纪就教什么无限制的自主性，只会加重小孩子以自我为中心的观念。在成长过程中，他们会变得越来越我行我素，更有甚者，难以克制自己的欲望，任其无限泛滥，从而走向不受控制的"不归路"。

针对这一现象，稻盛和夫建议老师和家长与其教育孩子追求自由，还不如在孩子成长初期教导他们如何去爱、如何帮助他人。这么做，会让孩子从小就在心里筑起一道"爱心墙"，随着年龄的增长，这份"爱心"可以让他们的心灵越来越纯真，越来越善美。而想要建起孩子心中的"爱心墙"，关键是让孩子学会帮助他人，这种"布施心"是孩子一生的宝贵财富。

此外，稻盛和夫还建议，在孩子的成长期就该让他们明白努力奋斗的意义。告诉他们，要想获得想要的东西，就必须先付出相应的努力。这就是在培养孩子的"精进意识"，这种培养会让他们成年后更加努力地投入工作中，做一个吃苦耐劳、踏实上进的人。

虽然好的物质生活条件可以让孩子接受先进的教育，但也要让他们在成长中有所忍、有所舍。我们都明白，人生之路不可能一帆风顺，家长就是创造机会也应该让孩子体验未来可能遇到的艰难困苦。"忍辱心"会在这个过程中逐渐形成，人也会变得愈发坚强起来。

除此之外，还要让孩子从小明确哪些事情可以大胆去做，哪些事情无论如何都不可以做，稻盛和夫认为这是在培养孩子们的"持戒心"。懂得"持戒"，他们将来才会有所为，有所不为，明白做人要懂分寸，知进退，做事有张有弛。

人类本来就有欲望，当我们凭着自己的本能，在欲望驱使下做事的时候，就很有可能向恶的方向走去。孩子小的时候如果不对他们的本性加以克制，又如何让他们成年后磨炼出美好的心灵呢？之后的人生又如何能够获得长久的幸福呢？

如今的社会其实给了每个人足够的选择自由，我们可以自由选择攻读什么样的专业，未来走什么样的职业道路，选择一个什么样的伴侣，与之度过一段什么样的人生，等等。

最怕的是看似人生由自己做主，最终也没有对它尽职尽责。人生真实的模样一定要被生活打磨过才会显现出来，没有经过历练的人生，就不会那么光彩夺目。自由本没错，追求自由也没错，只是千万别把追求自由与逃避生活画等号。生活中发生的一切，无论好坏都请看作是上天的恩赐，我们要考虑的是如何"升级打怪"。这个过程尤为重要，小则当谈资，大则提心性，让自己的灵魂更上一个台阶，这样，人生的画布才会越发五彩斑斓。

自由固然美好，只是有静有动、有守有攻的人生才更有意义，大家说呢？

人生还有方程式？

> 平凡的我如果想要取得不平凡的成就，到底应该怎么做呢？在苦思冥想之后，我得出的结论，就是这个方程式。
>
> ——稻盛和夫

人生是一段充满未知的旅程，不会永远按着自己的期望走，惊喜或失望说不定什么时候就会突然降临。不管发生什么，最后我们终会明白，这些所谓的好与不好，都是人生常态，让人求而不得又防不胜防。

人生无常有它的道理，那企业家稻盛和夫为什么说人生还有方程式，并且经过了他本人和很多人的验证？大家都十分认同此方程式的正确性，如果是这样，大众是不是就可以参照方程式计算着去过未知的人生，进而避免那些不必要的伤心、苦难，都让欢乐、顺遂来替代？

首先来看一下稻盛先生提出的人生方程式到底是什么，他认为：

人生·工作的结果=思维方式×热情×能力

方程式看来也不像想象的那么复杂，反而简单明了，只包含三个要素：思维方式、热情以及能力。而这三要素又是我们每个人都具备的，看起来并没有那么陌生、稀缺。那为什么这样稀松平常的三要素竟然能构成我们人生的方程式呢？其中的奥秘究竟在哪？

首先，很关键的一点就在于这三要素之间的关系。在稻盛先生看来，"思维方式""热情""能力"三要素之间是乘积关系；其次，三者都有一个分数区间。"热情"和"能力"是人们普遍具备的，区别在于有人热情高，有人热情低，有人能力强，有人却能力弱，它们的分值都在0~100分之间。

而"思维方式"则有所不同，由于思维方式有好有坏，有正确的也有错误的，有积极的也有消极的，因此它的分值区间比较大，在-100~100分之间。显而易见，"思维方式"为三者中最重要的要素，它的分值是正是负，才真正决定着方程式得出的结果到底如何。也就是说，"思维方式"这一要素在最后关头影响着我们人生和工作的结果。

在这里，想先分享一个稻盛和夫的小故事。如今人们看到的稻盛和夫是一个怎样的人？说起来标签实在太多："经营之圣"、慈善家、哲学家、文学家……无论哪一个拿出来，稻盛和夫都可以称得上是一位大家,更不用提他的事业涉及多个领域,如精密陶瓷、电子设备、珠宝、医疗,还有电信等。

但很少有人知道,就是这样的大家,大学毕业时却找不到工作,在求职路上屡屡碰壁。他也曾抱怨过命运,觉得自己是一个弱者,赶上战后的困难时期,生在这样的年代让自己连连吃亏,没有好运气。那个时候,他竟然萌生了加入黑社会组织的想法,感觉黑社会也比这个无情的社会讲义气,他甚至到黑社会组织门口转悠过,差点敲响"黑暗之门"。

之所以说是差点,是因为稻盛和夫最后还是没有走这条路,不然也不会有如今我们看到的成功企业家了,说不定他早已变成一个日本黑帮的头目,天天过着棍棒厮杀的生活。这样的人生,又有什么幸福可言呢?

为什么要去讲这样一个小插曲?因为通过这个例子可以真切地理解到"思维方式"到底是什么,同时理解为什么会有正、负之分。不用过于复杂地去考虑"思维方式"的含义,在稻盛先生的观点里,这是一个很简单的概念,简单到几岁的孩童都能理解。

拥有正面"思维方式"的人总是持一种积极向上的态度。在为人方面能够善待、理解和关爱他人,从不以自我为中心,懂得感恩,时常抱有知足心;在工作中,这类人会协调好自己与他人的关系,做事认真,对事情常持肯定态度,时常提出建设性意见。

相反，拥有负面"思维方式"的人总是会对人或事持否定态度。在工作中不肯与人友善相处、合作，甚至会陷害他人，常心怀鬼胎。同时，这类人为人具有懒惰、骄傲自满、不诚实等特点，事事以自己为先，还总喜欢抱怨，对周边人时常怀有记恨、嫉妒之心。

可想而知，当初想要加入黑社会组织的稻盛和夫正是在一瞬间拥有了这样负面的"思维方式"才差点误入歧途。好在当时在一位大学教授的帮助下，稻盛和夫进入京都一家企业工作，虽然困难重重，起码是一份靠自己打拼的正当职业，凭借努力也让后来的情况有所转变。

接着说"思维方式"，上小学的时候老师教育我们要和同学友好相处，不要撒谎，不要欺负弱小，不要傲慢，有好东西要懂得分享，要尽力帮助他人、关心他人，做一个阳光积极的好孩子。如果记得这些，就不用担心理解不了稻盛和夫提出的"思维方式"，因为这些正向的品行、思想正是其中的内容。

堂堂企业家认为无比重要的"思维方式"竟然就是小学就接受过的基本教育，长大后又要被这些小时候接受过的教育再次规范吗？难道这些道理我们不知道吗？绝对不是。是忘了吗？也不可能。在我看来，只不过多年之后，换了一个场景，甚至是换了一种说辞而已，就连如今学习"思维方式"的也还是当初的那批人。

有人把稻盛和夫的这些观点归为"哲学"，我觉得不必如此，因为这些原本就是每个人都熟悉的基本素养，没有那么难懂，也没有那么复杂，只要没有遗忘，重新拿出来践行就好了。

现在就可以理解身边那些明明毕业于名校，专业技能优秀，工作能力强，对工作也十分热情的人，为什么事业会不顺利。如果细细去观察，或许就是他的"思维方式"有问题。或许这是一个自私自大的人，或许这是一个心术不正的人，又或许这是一个容易放弃的人……如果是这样，考虑到他的"能力"和"热情"分数很高，若拥有负面的"思维方式"，那么人生和工作的结果就会越来越糟糕。总而言之，正是负面的"思维方式"导致了有些人工作和人生不那么如意。

反之，一个能力平平，但热爱工作，乐于帮助其他同事，自己又愿意踏踏实实、勤勤恳恳工作的人，虽然可能短时间之内看不到他的任何变化，但只要坚持下去，迟早有一天会发光发亮，创造一番成就。因为这样的人虽然"热情"和"能力"分数不是很高，但最重要的"思维方式"始终是正面的，这就会让一个人的工作和生活都慢慢发生改变，从而变得越来越好。

人生充满未知，但未知并不是人生的全部。有些事我们是可以依照稻盛和夫所总结的人生方程式去做的，尤其是依靠其中正确的"思维方式"规范自己、认识自我。这样不仅会让工作，更能让人生逐渐发生转变，向着更加美好的方向发展。

今天你"谢谢"了吗?

> "神啊,对不起!""南无、南无,谢谢。"这两句话成双结对,是我的口头禅。
> ——稻盛和夫

"谢谢"和"对不起"恐怕是生活中再平常不过的两个词了,相较于其他词汇,这两个词也是日常中常常听到的。同事帮忙递一个文件,随口一句"谢谢你";公交车上不小心踩了别人一脚,下意识脱口而出一句"对不起"。但就是这么简单的两个词,在稻盛和夫这里的意义却并不简单,尤其是"谢谢",可以说这个词开启了稻盛和夫的信仰之路,培养了他一生时刻都在遵循的感谢之心。

这么简单的一个词,怎么就成为稻盛哲学中的重要一课了呢?这要从稻盛和夫第一次去寺院的经历说起。

小时候,父亲曾带着小稻盛连夜走山路去离家几十公里的地方拜佛。到达目的地之后,有一位和尚会和来的每个孩子打招呼,安排孩子们一个个有序去磕头。在轮到小稻盛的时候,这位和尚比面对其他小孩时多说了几句话。大意是小稻盛和父亲这次这么大老远地辛苦赶来拜佛，他们的心意佛祖已经知晓，以后就可以不来了，但是希望他日后有时间就念诵一下"南无、南无，谢谢"。

就是这一次经历，让稻盛和夫终生难忘，也是从那时起，稻盛和夫一直将"南无、南无，谢谢"挂在嘴边。并不是有人真帮了他什么忙，他才说句"谢谢"，而是把说"谢谢"养成了一种习惯，有时一天中会不自觉地几十次将"谢谢"说出口。

举例来说，昨晚睡了一个好觉，早晨起来洗漱时整个人感到神清气爽，异常有精神，这个时候稻盛和夫就会下意识说出"南无、南无，谢谢"这句话。在工作和人生中更是如此，即使在遇到困难的时候，只要一想到自己的生命还在，稻盛和夫也会说出"谢谢"，表达自己对生命的感恩之情。

即使有时候碰到的事情可以说已经糟糕到极点，在困难的当下稻盛和夫依然会勉强自己说出感谢。这样做，稻盛和夫原本糟糕的心情慢慢就会放松下来，周围有家人或者同事在的时候，大家听了也会感到舒服，紧张的气氛就会逐渐缓和下来。这个时候再去商量如何解决问题不是更合适吗？

向无论大事还是小事表达感谢，对稻盛和夫来说是一剂万能药，不仅功效奇特，还蕴涵着巨大能量。

稻盛和夫27岁时，在几个朋友的帮助下创办了京瓷，这些并不是普通朋友，而是跟随他从上一份工作中辞职出来创业的同事。自从辞职后确定要创业，就有人帮着稻盛和夫四处奔走，处理成立公司的大小事务。有人甚至放言，无论创业结局如何，都要一辈子跟随稻盛和夫干事业，还有人宁愿自己背债也要全力帮忙筹备创业资金。

面对大家的深情厚义，稻盛和夫内心的感恩之情无以言表。同是性情中人的稻盛和夫提议大家按血印宣誓，得到大家的一致赞同，于是众人歃血为盟，大伙发誓无论如何都要让稻盛和夫的技术发展下去，直到干出一番大事业。最初的这些人正是后来世界500强企业京瓷的骨干，有些人更是为了京瓷的成长壮大贡献出一生的精力。

大家对稻盛和夫的这份信任与期望，稻盛先生在感动的同时也感到不小的压力。在公司正式成立之后，稻盛和夫开启了拼命式的工作模式，一点也不敢松懈，生怕让这些和他一起创业的兄弟们失望。

越努力工作，稻盛和夫心中的感谢之情就越发涌现出来。值得高兴的是，在大家的共同努力下，成立不久的京瓷逐渐走上经营正轨，也偿还了成立之初欠下的债务，这个时候，稻盛先生才算松了一口气。正是这种时刻怀有感谢之心的信念，让稻盛和夫在工作中能始终保持斗志昂扬的状态，在困难面前没有退缩，而是选择勇往直前。

在面对困难时，不外乎两种选择：一种是被困难击倒，胆怯退缩；另一种就是迎难而上，积极应对。选择的心态不同，结果自然也不会相同。但无论做出哪种选择，在稻盛和夫看来，都不能忘记感谢。

难道任何情况下都要感谢吗？如果好事发生，我们去感谢，这个很容易理解，也容易做到。但按照稻盛和夫的观点，好或不好的事情发生都要感谢，这就有不小的难度。为什么不好的事情发生也要去感谢呢？尤其是面对人生中的苦难时，有几个人能做到感谢苦难？即使有人这样做了，恐怕也会被怀疑是否出于真心吧。

那到底应该怎么做才真实呢？抱怨吗？或许是这样，在困难面前怨天尤人，大发脾气的大有人在，这恐怕才是常人遇到困难时最直接，也最真实的表现。可我们也很清楚，发泄负面情绪根本于事无补，宣泄掉的坏情绪好像会走回头路似的，不知哪一天就会再次回到自己身上，甚至变本加厉，让人更加痛苦。

所以这个时候与其抱怨，还不如感谢。在感到害怕，想要退缩时可以这样想：这只是一个考验而已，我要用自己的努力去解决当下的困难。同时还要在心里感谢它的出现，因为困难发生之后，人生一定会发生转变；同时，在迎难而上时，把苦难视作一种历练，感谢它的到来，也给我们磨炼心志提供了一次宝贵机会，因此一定要咬紧牙关渡过难关。

如果遇到大大小小的好事或坏事都心怀感谢之心，困难发生与否其实已经不那么重要了，因为不管遇到何种困难，我们都将在感谢之心的润泽下处理问题，何愁问题不被解决？即使到了最糟糕的时候，也应当像稻盛和夫说的那样：就冲还活着这一点，人就应该感谢。

除此之外，还应该补充一种情况。前面说遇到好事时很容易产生感谢之心，其实也未必都如此。有些人会认为这份幸运是自己应得的，成功也是理所当然的结果，更有甚者会觉得这还不够，因为他想要更多。这就是一种非常危险的心态了，骄傲、自私、不满足，这种心态最容易让人慢慢失去到手的成功，最后落得个一无所有。

其实认真想想，我们为什么要感谢？感谢其实是来自一个人内心的满足。我时常感谢我的工作，虽然挣得不多，仅靠稿费过日子，但也可以满足我基本的生活需求；再说，即使每天赶稿子，精神经常处于疲惫状态，但这却是我儿时所梦想的理想职业，如今能实现当初的理想，已经比很多人要幸运了，应当满足。这样去想，自然就会感谢眼前这份工作。

这其实还是一个心态问题，我们无法在这个世界上独自生存，势必和自然万物产生关联。芸芸众生，你拥有的或许是别人正祈求的，你失去的或许是另一个人正需要的。因此，清楚地认识自己的得与失、成与败、苦与乐，并从中找到满足的那个中心点，幸福之心就会自然而生。

像中国古话说的："滴水之恩，定当涌泉相报。"这其实就是在告诉我们，对最微小的事情也要怀有最大的感谢之心。做错事也一样，该道歉就道歉，真诚地说声"对不起"，学会低下头反省自身的不足。可想而知,一个对自己有清晰认识,内心又时刻懂得感谢、感恩的人,人生势必越发圆满、美好。

让我们最后重复一次稻盛和夫的口头禅:"南无、南无,谢谢。"望共勉。

孩子受父母的影响有多深?

> 经常看见父母之间你来我往的意见争论,这情景对我的性格形成,其实影响是很大的。
>
> ——稻盛和夫

心理学研究表明,一个人成年之后的性格和原生家庭有着密不可分的关系。成年后,有人延伸了原生家庭的爱,也有人承担了原生家庭的痛,可以说父母与孩子之间如何相处,是每个人最初性格形成的练习场。

不知道是不是每个家庭的长辈都喜欢问小孩子:"宝贝,你是喜欢爸爸还是喜欢妈妈呀?"如果孩子回答:"喜欢妈妈。"他们会很欣慰,感觉这是理所当然的,毕竟母爱是最伟大的嘛。如果孩子回答:"喜欢爸爸。"这些提问的人就会异常兴奋,一致赞叹真不愧是某某家的孙子或孙女。但如果小孩子回答说:"爸爸妈妈都喜欢。"无疑会引来一众惊叹与喝彩声。

我实在不明白这个问题的重点在哪里,长辈们问的目的又是什么。对小孩子来说，也许妈妈平时管教过于严格，就会偏向于工作繁忙又很少回家的爸爸。因为此时的爸爸明显与孩子相处时间更少，在距离感的烘托下，父子或父女之间的关系比较轻松，答案自然会是喜欢爸爸多一些。

我原先认为，与孩子相处时间更久，相处更密切的一方会更大程度影响孩子的性格和习惯。我身边有这样一个朋友，他特别爱做饭，每次朋友聚餐他都主动提议由他张罗饭菜，还安排得特别周到。后来知道他是四川人，我开玩笑说："原来是四川的啊，怪不得这么喜欢做饭。"毕竟四川男人爱做饭、会做饭，同四川人爱美食是一样广为人知的。

但他反驳我说，不是所有四川男人都喜欢做饭。他的爸爸是一个性格强势又传统的人，平时很少进厨房，认为厨房的事儿是女人该做的。但妈妈一边工作，一边还要照顾他们兄弟两人，又忙又累，他心疼妈妈，所以在很小的时候，妈妈每天下班回家之前，他就会先准备好做饭要用的食材，清洗干净，等妈妈回来直接下锅炒就行。后来，我这位朋友干脆学着妈妈的样子尝试自己做饭，不久之后，他不用再等妈妈下班回来做饭，已经可以自己做饭给他和哥哥吃了。

看来还是真实的成长经历对一个人成年之后的性格、习惯影响更大。

接下来看看稻盛和夫与父母是如何相处的。稻盛先生出生在一个普通得不能再普通的家庭，家里有七个兄弟姐妹，他排行老二，上头有个懂事的哥哥。稻盛和夫小时候是个孩子王，常和其他的小朋友打架闹事，经常被打得鼻青脸肿回到家，但父亲忙于印刷工作没空理会，或者因为正在忙碌手头的活儿根本不会注意到他。

此时，同样忙于家务的母亲如果看到小稻盛这副模样，并不会像其他母亲一样赶紧上前温柔耐心地询问到底发生了什么。那她是怎么做的呢？稻盛母亲见状会从门后拿过一把扫帚顺手扔给小稻盛，呵斥他马上停止哭泣，并告诉他，如果认为自己是对的，那就打赢了再回来，而不是被打输了回家哭鼻子。说完稻盛母亲便又去忙家务了。

看来稻盛和夫小时候再调皮，在母亲那里也是没赖可耍的。稻盛母亲性格虽有些刚烈，为人却亲切得很，无论和周边的邻居还是远方的亲戚相处都十分融洽，而且不管家里遇到什么样的困难，母亲总是那个心态最好，并且第一时间积极想办法解决问题的人。

二战后，稻盛家里的房子毁于战火，稻盛父亲的印刷作坊也受到严重破坏，父亲面对这样的境况整天垂头丧气，十分消极。而母亲却表现得与父亲完全不同，她整天想如何在这种困难时期不让家人饿肚子，二话不说就到集市上当掉了自己心爱的和服，用换来的钱买粮食回家。想要改变生活状况，这点钱哪能起作用？母亲于是建议父亲借钱买印刷机器，重开印刷厂，但这个建议遭到稻盛父亲的否定，因为父亲不喜欢向人借钱。无论母亲怎么劝说，父亲就是怎么都不肯借钱买设备。

还有一个细节，那就是当稻盛家里的亲戚来寻求帮助的时候，考虑到是亲戚关系，母亲会当即决定出手相助。相比之下，父亲就不会这么快做决定。他首先会考虑家里的实际情况，然后再分析要帮助对象的具体情况，之后才会下决断。稻盛母亲常常因此感到着急，难免为此生气，但这并没有影响稻盛父亲考虑问题的习惯，如果被催促做决定，母亲还会受到父亲的无情斥责。

回忆起小时候父亲和母亲的这些事情来，稻盛先生无法下结论说自己的性格到底随谁。在他的企业经营中也是如此，很多习惯和处世方式既有来自母亲性格的部分，也有不少父亲性格中的因素存在。

比如在企业经营中，稻盛和夫相当小心谨慎。他将无贷款经营作为自己的标准，在做任何决断的时候都会再三思考，直到有十足的把握才去行动。在这一点上，稻盛先生无疑和他的父亲是一样的，永远先想着脚踏实地干事情，不会过于冒险，性格沉稳又慎重。

而在稻盛母亲这里，稻盛先生获得的最大财富，就是无论身处何种困境，他都可以用积极的心态应对。加上稻盛和夫时刻为他人着想的品质，将"利他"放在首位的崇高思想，这样正面、乐观的人生态度让稻盛先生即使在生活和工作都面临窘境的情况下，最后也都能逢凶化吉，转危为安。

稻盛和夫的父亲和母亲有着截然相反的性格，但无论性格如何不同，他们却有一个共同点，就是始终以善来贯彻正道，大概这才是稻盛和夫父母性格中最重要的品质。稻盛和夫的母亲虽然好感情用事，为人却积极开朗，也乐于帮助他人；而相较于母亲，父亲有时虽过于胆小，做事却小心谨慎，稳扎稳打，不占别人一分一毫的便宜。

可以说，稻盛和夫继承了父母的性格优点，但如父母一样坚持正道的稻盛和夫在刚踏入职场时却吃了不少苦。大学毕业，稻盛和夫在一家经营状况很一般的公司工作，本来公司效益就不好，有些同事还通过不必要的加班来赚取加班费，稻盛先生指出这种不当行为，劝诫大家不要这样做，这样的行为会让公司雪上加霜。可也因为这件事，稻盛和夫遭到工会的围攻，被同事痛骂是公司的走狗，甚至被大家推到一个包装箱上站着，对着他开始集体批斗。这还没完，稻盛和夫在下班路上还被工会的人突然袭击，为了"正义的发声"身体还受过伤。

即便是在这种情况下，他还是无法勉强自己脱离正道。第二天，头上绑着绷带的稻盛和夫依然出现在大家面前，这让不少人吃了一惊，简直就是"打不死的小强"啊！

其实，在一个家庭中，孩子的性格随爸爸还是随妈妈都不重要，重要的是父母本身有没有树立正确的为人之道供孩子学习，能不能给孩子积极正面的引导，这才是家庭教育的核心所在。

如今还需"少年苦"?

> 也许正是因为青少年时代经历的种种艰辛,人格得到磨炼,我才能成长为经营者。
>
> ——稻盛和夫

稻盛和夫近80岁高龄应日本政府邀请出山,拯救濒临破产的日本航空;在此之前,他曾一手创办京瓷和KDDI两家世界500强企业,成为日本商界传奇。然而,他的人生早期经历并非如今天这般风光,可以说跌跌撞撞、磕磕碰碰才是他早年生活的真实写照。

稻盛和夫1932年出生于日本,父亲做印刷生意,说是印刷生意,其实不过是一个小作坊。母亲一边帮助父亲打理印刷生意,一边料理家里的大小事务,称得上是一名称职的家庭主妇。稻盛和夫小时候是一个远近闻名的孩子王,经常和其他小朋友打架,学业一塌糊涂。

到了上学年龄,稻盛还不愿意去学校,没办法,家人只能用自行车驮着他强行送到学校。不好好学习的稻盛和夫小学升学考试就经历了两次失败,之后还患上了当时被称为"不治之症"的肺结核。

二战中，家里的房子和父亲的小印刷作坊被烧毁，为了让他继续接受教育，哥哥和妹妹相继辍学。好不容易在高中苦学了几年，最后还是和想读的大学失之交臂，也没能考上最初想就读的医学专业。没办法，稻盛和夫只能在鹿儿岛当地的一所大学就读，学了理工专业。

本以为大学再拼搏几年，找到一份好工作就能让自己的人生发生反转，没想到求职过程中又屡屡受挫。由于战争影响，当时的日本就业本就十分困难，稻盛无法通过考试，家里也没有人脉可以引荐他找到一份合适的工作。

之后，好不容易在一位老师的介绍下进了京都一家企业，没过多久就发现这是一家连工资都发不起的公司，并且已经离破产倒闭不远了。这时，一同进去的几个年轻人纷纷离职，另寻他路，稻盛和夫也准备离开，可惜跳槽无门，只能被迫留下。

留在公司的日子里，因为没有员工食堂，吃也吃不饱，稻盛和夫为了省钱，天天买最便宜的味噌汤来填肚子；睡也睡不好，公司提供给员工的所谓宿舍不过是一间又破又旧、堆满稻草屑的房间。在这样的处境下，稻盛和夫不由哀叹自己这20多年的命运之坎坷，觉得老天爷实在不公平，好像什么不好的事情都让他遇到了。最无奈的是，稻盛和夫还被卖菜的店老板嘲笑，说他在这种公司待下去，将来有可能都娶不到老婆，这可让稻盛和夫愈发愁苦了。

命运要发生反转，要等到物极必反、否极泰来之时，前提是要在困境中坚持下去，始终不放弃，只有这样，才会等到拨云见日的那一天。

在四面楚歌的情况下，稻盛和夫别无他法，只能选择自救。他明白只要把心态调整好了，奋斗的热情就会点燃。

稻盛和夫经过一番考虑，心想既然不能改变现状，那就改变自己。于是他把锅碗瓢盆都搬到实验室，开启了在公司实验室的"闭关"生活。在实验室里，稻盛和夫禁止自己胡思乱想，只埋头于眼下的技术研发。这样的日子过了一年，奇迹出现了！他的研究成果成功了，还是当时的日本首例。无论是稻盛和夫的生活还是工作都因此开始反转，一切都进入了良性循环。

从稻盛和夫这段人生经历中，我们可以看到，成功是有周期性的，不是想什么时候成功就什么时候成功。同时，能成功的绝对是一批有成功特质的人。一个人如果不具备成功特质，一切也都枉然。

拿稻盛和夫来说，一个在少年、青年时期都没体会过顺利是何滋味的人，在人生处于谷底时依然能自我激励，并时刻付出努力，而且付出的是不亚于任何人的努力，这样的决心和魄力才是一个成功人士该有的特质。

当然，成功特质不只这么简单，勇气、耐心、热情、真诚、创造力、冒险精神等同样重要。一个人如果调整不好自己的心态，即使拥有这些特质也只能适得其反。好心态犹如正向的思维方式，如果思维方式出错了，那后续做什么都好像在高速公路上沿着错误的方向加速行驶，离真正要去的目的地越来越远。

人生不怕苦，怕的是不知苦，尤其是不知少年苦。

物质时代的到来，让多少家庭的孩子不知苦为何物。优越的生活对一些孩子来说不再是辛苦付出、努力奋斗才能得到的成果，而是成了来到这世间，一睁眼理所当然的享受。不知那些关于少年苦的故事，像"凿壁偷光""苏秦刺股""孙康映雪""囊萤夜读"，有一天会不会被生活在物质时代的孩子们嗤之以鼻。若有，可悲至极啊！

一生都在奋斗的稻盛和夫从小就知苦为何物。小时候他经常被父母教导，一个人吃点苦没多大关系，尤其是在年少时。但小稻盛不懂父母这番话里的奥秘，有时听着听着，就觉得这种观点不可理喻，甚至还会反驳父母。但在经历了数次学业打击、工作打击之后，他才真正明白，能吃苦、尽早吃苦对一个人一生的影响有多大。如果没有年少时那些磕磕绊绊的经历，就不会有后来一次又一次重新站起来的勇气，就更不会有如今我们看到的成功企业家稻盛和夫了。

其实，像稻盛先生父母这样的家长现在也不少，有极度溺爱孩子的家长，就有懂得如何教育孩子的家长。尤其那些自己也是一路吃苦走过来的家长，在教育孩子的问题上一般不会一味溺爱，反而主张孩子多去体验真实的生活。比如，他们让孩子去条件穷困的地方，体验艰苦的生活，或是从日常小事出发，让孩子在一点一滴中看到生活的真正模样。

一些人或许不理解这种做法，但首先可以肯定的是，这可不是人们口中的"没罪找罪受"，而是家长主动创造条件让孩子得到更踏实、更真实的成长。表面看孩子是在经历困难，被折磨得哭哭啼啼，其实这正是让孩子磨炼意志的宝贵机会。孩子停止哭泣，学着主动思考如何解决问题的时候，就是孩子的人格得到历练并获得提升的时候，这绝不是溺爱能得来的成长。

所以这就是对本文标题的回答：是的，如今还需少年苦，并且一直都需少年苦。

人生就是一次冒险，冒险怎能少得了挑战，挑战又何时能逃过艰难困苦呢？少年时期经历的苦，其实是上天对接下来人生旅途的预演，它在提前磨炼我们的心志，借机让我们认清自己，提早培养面对困难的勇气和决心。

我们要做的绝对不是逃避，也不是抱怨，而是要用一种积极的心态去面对挑战，在关键时刻迎难而上。对孩子来说同样如此，人生早期的小小磨难如果能让他们自己来克服，这样培养出的能力会成为日后度过美好人生的永久加分项。

想成为完美主义者吗？

> 也不知从何时开始，在我心里萌生了完美主义，我决心要彻底锤炼自己。"我脑子不好，努力必须加倍于人，别人付出两倍的努力，我就要付出五倍的努力。"这成了我的口头禅。
>
> ——稻盛和夫

在大家的记忆中，不知道有没有经历过这样的时刻？

上学时，每次试卷发下来的时候，或许会忍不住问问身边的同学："你考了多少分啊？"这时对方就会面露失望神色，不紧不慢来一句："考得不好。"此时的我们往往还要追问下去："不好是多少分啊？"让人语塞的时刻来了，同学回答："只有……只有95分！""友谊的小船"就在这时开始摇摆。

是不是一个很熟悉的场景呢？当然，你也有可能是那个考95分的同学。重点不是谁考了高分，重点是明明考了高分，为什么还要吞吞吐吐说考得不好呢？是真觉得自己考得不好，还是说这只是一种烘托自己考高分的方式呢？

我个人很不喜欢这类同学，如果是我考了超乎预期的成绩，那一刻的喜悦之情一定无法掩饰，怎么还有心思去伪装呢？但转念一想，对次次考100分的同学来说，95分确实是"考得不好"吧。因为他们早已习惯满分答卷，即便分数差了那么一点，也感觉不够完美。

对，就是一种不完美的感觉。

因为没有达到完美，他们会自省、会自责，会思考做错题的原因是什么，名字为什么会忘记写，错别字又为什么会出现。这其实就是在追求完美，似乎只有完美才能体现出自身价值。

毫无疑问，这类人是完美主义者，对自己非常苛刻，以高标准要求自己，他们眼中"没有更好，只有最好"，永远都在追求金字塔尖的挑战和荣耀。

日本企业家稻盛和夫其实也属于这类人。

和现在成功人士形象不符的是，早年间还是一名学生的稻盛和夫学习成绩不尽如人意，这和当时的他不好好学习有关。不认真学习不说，他还喜欢带领同学在学校打架闹事，不服老师管教，是当地出了名的孩子王。但上高中以后，由于老师的鼓励信任、家长的辛勤培养，爱惹是生非的稻盛和夫性情大变，决定要像所有刻苦学习的高中生一样，将精力、目光放在几年后的人生大事——升学考试上。

"浪子回头金不换"，在正念的引领下，稻盛和夫高中时期的成绩一年比一年好。在高中最后一年的时光里，满分100分的试卷稻盛和夫能得98分，但这并没有让他满意，他自认为不得到100分就不能说是好成绩。

是不是从这时开始，稻盛和夫变得越来越追求完美了，我们不得而知，甚至连他自己都不确定。只是稻盛和夫觉得一个人既然能通过努力得到回报，并且在一次次取得成绩的同时还能增加自信，那就绝对不允许自己在努力过程中马虎了事或是半途而废。

更重要的是，追求完美的过程可以让一个原本不那么自信的人逐渐自信起来，并且越来越自信，这是难能可贵的。

回到稻盛和夫的故事里。稻盛和夫是个典型的理工男，从事新型陶瓷行业，研发产品需要做数不清的实验，有时放错一种原料，或是将原料分量、放置方法搞错，产品就无法按照顾客的要求做出来。即便在产品将要完成的时候，最后一步就是出现千分之一的误差，也会失败，之前的投入都将付诸东流。不仅如此，约定的交货时间也无法如期实现，导致企业因失误而失信，这是更要不得的。

因此，对于稻盛和夫这样一个从事高创造性工作的人来说，他更明白追求完美的重要性和必要性。

光有追求完美的意念是不够的，首先要拥有自信的力量。如果连自己都不相信，常常自我怀疑，那么工作结果也很难让人满意，尤其是对从事创造性工作的人来说。

京瓷创业之初，作为一个小工厂能接到订单实属不易。一次遇到一个连专业厂家都拒绝的订单时，京瓷很想把它拿下来，但研发人员没有完成订单的底气，不敢接受。稻盛和夫此时没有半点迟疑，他坚信自己能够成功完成这个挑战。

在产品研发过程中，稻盛和夫想尽一切办法去完成这一任务。为了让蛇管每个面都均匀干燥，稻盛和夫竟然在炉边抱着蛇管睡觉，因为他相信这种方法有助于让生产中的产品达到合格。结果真是如此，生产出的10根产品中，合格数竟然达到七八根，这样看似又笨又傻的方法还真取得了不错的成果。

作为领导者的稻盛和夫不仅这样要求自己，而且对自己的员工也同样以高标准要求。比如，他要求员工做出"会划破手"的产品。这样的想法源于他小时候父母的一个观点，稻盛先生的父母认为一件完美的东西别人会欣赏，但是绝不敢伸手去触碰，如果冒犯了这一规则，手就会被划破。

那么，创造这样的完美产品到底有多大难度？稻盛和夫认为一个人的能力是不可估量的，只要相信自己，同时肯付出，肯下功夫，任何困难都可以克服。在追求创造性的新型陶瓷行业打拼过程中，稻盛和夫不仅严格要求自己，同时要求他的企业一定要将完美主义贯彻始终。从接到订单到产品交货这个过程中，不允许员工有丝毫松懈和马虎，完美地将每一件产品交到客户手中。

"产品制造的世界就是这么严格。"稻盛和夫这样说。

说完产品研发中的完美主义，我们再看看完美主义在稻盛和夫人生中又是怎样的存在？稻盛先生认为，人生和研发产品均是一个道理。因为我们的人生也有可能因为没有做好那最后的1%，从而影响之前人生历程中所有的付出。追求完美也要有始有终，不可中途放弃，否则就会前功尽弃。

或许有人对完美主义者存有不同看法，认为他们过于苛刻、严肃，事事追求最好的结果，以致烦恼不断，活得很不真实。这是一种消极的完美主义者，我们欣赏的一定是积极的完美主义者。他们追求事事做到极致，刻板、严肃只是处世态度，谨慎、理性才是工作常态，因为他们不仅善于思考，还会利用敏锐的眼光和精湛的才艺为这个世界带来新的发现，创造出更多新事物。

不要总说别人对你的期望值比你对自己的期望值高。对于追求完美的人来说，对自己的不断期望恰恰是一种获取成长的有效方式。一个对工作、对生活时刻充满希望的人，一定不会允许别人来左右他的人生，在这之前他一定早已做好了规划和准备，并逐步实施，在努力中磨炼自己，从而获得成长。

在追求完美的背后，一定是对自我的清晰认知和对世界的温柔相待，而连接这两大要点的势必是"付出不亚于任何人的努力"。

因此，难题再不是"想成为完美主义者吗"？而是"敢成为完美主义者吗"？

人生要分阶段活？

> 我原本就把自己的人生分为三个阶段。第一个阶段20年，是从诞生起；第二个阶段从20岁到60岁的40年；第三个阶段，从60岁开始的20年。
>
> ——稻盛和夫

稻盛和夫出生于1932年1月21日，逝世于2022年8月24日，享年90岁。在稻盛先生90年的人生中，他创造的商业神话数不胜数，坐拥两家世界500强企业不说，涉足的行业除精密陶瓷外，还包括电子、医疗、电信等众多领域，并同样取得了不俗的成绩。

《庄子·逍遥游》中有这样一句话："名者，实之宾也。"每个被人们称赞的商业奇迹背后，都是稻盛和夫在人生不同阶段对自己发起的挑战，他很清楚不同的人生阶段应该做什么。而那些被世人津津乐道的名与望，他认为大可不必刻意追求，它们如同浮云一般，一闪而过。何况名声、地位、威望这些外在的东西，也只是付出实际行动和努力之后自然而然获得的产物罢了。

先去做,名气自然来。从这一点看,稻盛和夫算得上是一个活得明白、透彻的人。65岁时稻盛和夫就接受了胃癌手术,同时成为一名佛家弟子,此后,他就将生死看作一门学问去研究对待。

如何活?这恐怕是一个谁都无法给出标准答案的难题,我们只知道不同的人有不一样的活法,人生结局也不尽相同。纵观稻盛和夫这90年的人生历程,我们看到的是他如何为精密陶瓷事业殚精竭虑,奉献一生。就这件事稻盛和夫给我们的启示便足以受用,一个人一辈子将一件事情做到底,并且还做成功了,也是一种不错的活法。

但并不是所有人在人生的最初阶段就能找到一辈子的事业。在稻盛和夫划分的人生三阶段的第一阶段,他觉得一个人从出生开始,先要用20年的时间来步入人生这个圈子。换个说法,人生中的前20年是不足以谈人生的。

如果你去问一个几岁,甚至十几岁的孩子:"人生是什么?"恐怕答案不会如你所愿。本来就是嬉笑玩耍、天马行空的年纪,谈这样沉重的人生话题,即使得到了答案,恐怕多半也是带有戏剧性的儿语。

难道说人生早期的这20年就不重要了吗?当然不是。这就像运动员正式比赛之前的热身一样不可或缺,如果没有这一步,那接下来的比赛很有可能会受到影响。试想,让一个没有热身准备的运动员上场就开跑，他的状态会如何？和其他做足赛前准备的运动员相比，他的成绩会不会受到影响？

人生也是一样的逻辑。在头20年里，一个人要经历从出生到独立，从无知到有认知，从幼稚到成熟的成长过程，虽然漫长而琐碎，但不可或缺，甚至不可跨越。踏踏实实，一步一步走是这个阶段的年轻人最重要的任务。

那接下来呢？这一阶段才可以说是人生的重头戏。稻盛和夫认为这一阶段的完成要用40年时间，就是从20岁到60岁的40年。当然，我们这里还是按照稻盛先生给自己计划的命来分析的。

有了前20年的预备，到了这一环节就要生真正的模样也会在这个时候初见端倪。

想想我们20多岁的年纪在干什么？大多数业后初入社会，在经历生活的磨炼之后，初次品尝到人生的辛酸和甜蜜。大概就是这五味杂陈的滋味慢慢导演出人生这出戏，而想要演出成功，就需要戏中的每个人不厌其烦地反复琢磨、不断练习、相互配合，为了最好的演出效果而努力。

在这一人生阶段，稻盛和夫开启了自己的事业。和我们大多数人一样，刚开始稻盛和夫也是一个打工仔，遇到了如今职场中经常遇到的各类问题，比如大学毕业后找工作四处碰壁、公司经营状况不好拖欠工资、工作中遭同事嫉妒欺负、想跳槽又跳槽无门等。

我一直以来的观点是：稻盛和夫被我们神化了。如果仔细了解他的成长史，就会发现稻盛和夫其实是一个普通得不能再普通的职场人。那为什么后来他的人生有了质的飞跃呢？

除了有意外发生，几乎人人都有这40年的时光去支配，但最后的结果却截然不同，关键就在于如何过好这40年的每一天。虚度光阴、游戏人间是活法，闻鸡起舞、发愤图强也是活法，时间很公平，它不会等待哪个人，更不会迁就哪个人。怎么过，还是要靠自己。

稻盛和夫有这么一个异于常人的地方。他人生中的第一份工作不是很顺利，面对公司每况愈下的现实，他选择了和一同进公司的几名大学生天天一起抱怨，抱怨到都无心工作了。之后更是准备跳槽，可惜家人不同意，无奈之下稻盛和夫被迫留在公司。故事讲到这里，好像这位企业家的经历也没什么特殊之处，这些事如今很多职场人也都经历过，但稻盛和夫与其他人不同的地方在哪儿呢？

对很多人来说，或许留在状况不好的公司是迫不得已的选择，往往人是留下了，精力却无法再放到工作上，整天心猿意马。这样只会导致工作做不好，心情也好不起来。当时的稻盛和夫是怎么做的呢？面对这种情况，他首先开始深度思考。

既然不可能离开公司，那接下来的日子怎么过都是一天，何不从自身出发，转变一下观念呢？于是，稻盛和夫换了一种工作方法，他不再把注意力放在公司会不会倒闭、能不能发出工资这些事情上，而是转移到产品研发上。

为了逼自己彻底转变，稻盛和夫搬到实验室去住，天天什么也不想，只想怎么能研发出好的产品，同时还向实验室里的资深研究员虚心请教。结果自然是研发技术的长进和工作成果的显现。最终，稻盛和夫不仅获得了个人荣誉，还为公司带来了订单，名与利相伴而来。

稻盛和夫有了这样的转念，之后的人生便开始了良性循环。他遇到任何困难都不再选择埋怨，而是静下心来想解决办法，一旦想到如何去做，就抛除杂念，付出不亚于任何人的努力去完成它。

在结果的预设上，稻盛和夫也和其他人的想法不同。他本着为世人、为社会做贡献的原则，凡事先想别人、多想别人，正是这样的心念让稻盛和夫的事业之路越走越宽。

可是，无论如何拼搏，人生终有结束的一天。在稻盛和夫看来，人生还要有一个阶段是专门为迎接死亡准备的，就像最初的人生阶段，从出生到成人一样，同样需要20年。在稻盛和夫的预设中，他的最后20年是60岁到80岁。

为何要为死亡预留如此长的时间呢？在稻盛和夫看来，死亡并不是一瞬间的事，那只是表象，即使肉体消亡，谁又能说灵魂就不存在了呢？稻盛和夫信仰这一说法。忙于事业几十载，他想在人生最后的20年里回归本真，从心出发，为自己而活。于是在这最后一个人生阶段中，稻盛先生选择出家，皈依佛门，这是人生最后一阶段最重要的事情之一。

稻盛和夫在人生第65个年头选择出家。也是在这预设的人生最后20年里，他被查出患有胃癌，但已决心皈依佛门的稻盛和夫早已将生死看淡，并尝试在精神世界里对生死作一次全新的认识。

稻盛先生最后的几十年里并没有被病魔打败，虽然后来他已不再过问商界，但这里依然并将永远流传关于他的故事。

心态到底有多重要？

> 在反复的挫折中，我逐渐有了一种领悟，所有这一切苦难都是由我自己的心态所引起、所招致的。
>
> ——稻盛和夫

在准备以"心态"为主题的这篇文章时，是撰写这本书的过程中心情最为激动的一次。在文章一开始，我就急于告诉大家一个结论：心态真的很重要。

人一激动是不是容易词穷？如果是，我想自己现在就处于这个状态。关于心态，我最直接的体会就是，心态如果好了，遇到阴天心情就不会忧郁；心态如果好了，就算失业都不会落寞；心态如果好了，即使失恋也不会哭泣。总之，只要心态好了，一切都是对的感觉。

我如此急切地肯定"心态"的重要性，离不开我自己的故事。在人生旅途中经历过一些事情之后，我能肯定，好心态的确有着神奇的功效。

在熟读稻盛和夫的几本核心著作之后,我强烈地感受到,稻盛和夫是一个觉悟特别早的人。虽然他小时候调皮捣蛋,还不好好学习常常惹事,可以说是家长和老师眼中的"问题学生"。但稻盛和夫有一个优点,也是我很佩服的,就是他在碰到事情的时候会安静下来思考,并且每次思考都会有所感悟,随后整个人就会发生实质性的改变。

还是结合事例,来看一个稻盛和夫小时候的故事吧。

肺结核在今天已不是什么治不了的大病了,但在稻盛和夫小时候,肺结核却属于不治之症。不仅如此,稻盛家有不少亲人就是因肺结核去世的,他们的家庭被人嘲笑为"肺结核之家"。更不幸的是,在1944年底,12岁的稻盛和夫也难逃"肺结核之家"的魔咒,被确诊患上了肺结核。这让原本就担心自己会患病的稻盛和夫彻底绝望了,没法上学不说,还高烧不退,身体极度虚弱,只能乖乖躺在病床上,有种等待命运判决的感觉。

就在这时,邻居太太看到这么小的孩子就要受到疾病的折磨,觉得非常可怜,就送给他一本书,说这本书虽然很难,但还是希望稻盛能读一读,只要能读懂,定会对他有所帮助。昏昏沉沉的小稻盛也不管这到底是本什么书,也没想过自己仅有的小学文化水平能不能读得懂其中的内容,只是按这位邻居太太说的去做了。躺在病床上的小稻盛就这样心无他念地读起来,直到读到这样一句话:"我们的心底有吸引灾难的磁石,它会从外界吸引刀枪、疾病、失业等。"

这句话犹如当头一棒让病中的稻盛和夫瞬间清醒，他想，书里真是说得没错啊。为什么这样讲？因为自从稻盛的叔叔患了肺结核之后，天天在叔叔身边照顾他的爸爸和哥哥相安无事，偏偏就是连叔叔跟前都没去过的稻盛和夫患上了肺结核。

邻居太太让稻盛看的那本书是《生命的实相》，就是这样一本书，给了稻盛和夫开始思考心态问题的契机。

稻盛和夫后来分析此事，觉得爸爸和哥哥之所以没事，是因为他们完全不顾自己的安危来照顾生病的叔叔，表现出一种无私奉献的精神。这种精神不仅难能可贵，更值得尊重，正是这样的大爱让病菌都无法侵入他们的身体。反之，当时的自己呢？自从知道家里有一个患病在床的叔叔，他就整天担心自己会被传染，正是那颗恐惧的心，给自己招来了病魔。

不知道大家对稻盛和夫这样的观点认不认同，但我个人是十分认可的。回到文章一开始，我为什么会一再强调"心态无比重要"呢？那是因为亲身经历过的事情让我相信了心态的重要性。

多年前我在深圳工作，没想到的是，作为一个北方人，来到南方后面临的最大问题竟然不是生存，而是如何适应深圳的气候。刚开始，因为潮湿、闷热，身体明显出现各种不适，今天头痛，明天脖子痛的事儿经常发生。慢慢的，不管身体有了怎样的不适，我都认为是气候的原因，每天的注意力都在自己的身体上，老是觉得这儿有问题，那儿也有点不对，身体越来越虚弱。

后来我去香港读研，两年后再回到深圳工作时，突然感觉阔别两年的深圳气候好多了，适应起来明显顺利、顺心多了。但我知道深圳和香港只隔一道口岸，气候根本没有多大差别，还是一样闷热、一样潮湿，但两年后的我为什么感觉和两年前完全不一样了呢？

冷静分析之后，我发现刚到深圳打拼时，生活和工作上遇到了从未有过的挑战，日子过得艰辛不说，还有一个从小城市到大城市的心理适应过程。为此，好强的我在当时给了自己不少心理压力，内心的不自信时不时就会出来作祟。

硕士毕业后在香港短暂工作了一段时间，我选择再次回到深圳工作生活。和香港的压力比起来，深圳的压力根本不算什么。此时在这个城市中遇到任何困难，我都能从容面对，最奇怪的是，就连之前不适应的气候也不再是个难以忍受的问题了。

其实我知道，什么都没变，两年后再次回到深圳，在办公室吹空调还是会脖子不舒服，还是会头痛。只是之前会抱怨是空调的错、是气候的错，这时虽然也知道原因还是和之前一样，但已经会想办法解决问题了，如加件衣服、戴顶帽子，这些方法都可以帮助解决身体不适。我突然意识到，这时的自己注意力已经不在空调、气候上了，这些只是生活中遇到的小问题而已。发生这种转变是因为再次读书的经历让我成长为一个更加稳重、更加自信的人。

总结一下，其实就是自己的心境发生了变化。一个人生活越不如意，就越容易把心思放在负面的事情上，没有困难都会脑补出一部灾难剧，越想越可怜，越想越悲惨，这就是一个活脱脱的恶性循环。而当自己越来越自信，越来越有底气时，对生活的看法也会有所改变，顺势将自己的悲观状态调整过来。我相信，拥有自信之后再遇到困难就不会再对自己造成威胁，看待事情的角度也会随时灵活转换，生活就逐渐进入良性循环。

我想，对于创造了大大小小商业神话的"经营之圣"来说，他遇到的困难是平凡的打工人无法想象的，但最后都能得以解决，这背后靠的是什么？

当看到稻盛和夫把拥有好心态列为一条人生的根本原则时，我就找到了答案。苦难、疾病、消极情绪其实都是内心的投射，由自己的心态所致，心相就是现实本身。相反，幸运、健康、开心同样可以由心态吸引而来。心态发生改变，命运才会跟着变化，转机也才会出现。

最后，再次重复，一定要管理好自己的心相，人生的成就如何，何尝不是它在起重要作用呢？

你被自己的年龄限制了吗？

> 周围的所有人都反对稻盛先生的决定。首先是年龄问题，当时稻盛先生已经77岁，马上就要78岁了。
>
> ——大田嘉仁

开始接触稻盛和夫的著作是2020年，东方出版社寄给我三本稻盛和夫的核心著作，分别是《活法》《稻盛和夫的哲学》《稻盛和夫自传》。我一口气将这三部作品读完，其中《稻盛和夫自传》我读了两遍。对一个撰稿人来说，如果去写一个人物，首先要做的前期工作就是编写人物年谱，再根据其中的时间点制作一条人物时间线出来，这样，所写人物在脑海里立刻就变得立体而有规律。再加上这并不是一个面对面的人物采访，而是根据对方著作来了解这个人物，所以准备工作需要做得更加细致。

读了两遍《稻盛和夫自传》之后，我发现这本书只写到稻盛先生70岁。可1932年出生的稻盛和夫其实有90载的人生故事可以写，70岁之后的这20年，关于稻盛和夫的信息少之又少，仅从个别媒体采访资料中可见一点。或许对于已经创造了多个商业神话的稻盛和夫来说，人生最后的几十年要留给自己去活了。

但故事并没有结束，78岁时，稻盛和夫重出江湖，创造出又一世界性的经营奇迹。他仅用一年时间就重建了宣告破产的日本航空，让其扭亏为盈，并取得当年全球航空企业中的最高利润。

更让人不可思议的是，稻盛和夫对航空业可以说一无所知，是一个十足的门外汉，但他依然创造出了神话。而这充满神话色彩的重建过程被稻盛和夫的秘书，即"稻盛和夫最信任的人"大田嘉仁先生全程见证。

稻盛和夫接受重建日航的任务后，人们众说纷纭，有人觉得稻盛和夫是图名，有人则觉得他图利。其实，稻盛和夫在最初就已表明，名与利都不是他的目的。相反，在接受这一挑战的时候，稻盛先生就宣布，他不要一分钱的报酬，这是上任前的宣告，也是接受日航重建工作的条件。换句话说，如果给稻盛和夫报酬，他反而无法接受这一任务，零薪酬是他答应重建工作的首要条件。

稻盛和夫听说他的名字也在重建候选领导人的名单之中时，他的第一反应是："万一找到我头上，我也不会接受。"之后政府领导和企业负责人多次拜访稻盛和夫，他都客气推辞了。一来他一直做的是精密陶瓷，航空业对他来说是一个完全陌生的行当，心里拿不准。二来当时他已经快80岁，不再适合接受如此有挑战性的任务了。确实如此，就连稻盛和夫的亲人、同事都担心他的身体很难适应这么繁重的工作。大家还担心如果失败了，那稻盛先生的一世英名势必付诸东流，晚节难保，怎么分析这都不是一件对他有利的事。

可面对三番五次的出山邀请，稻盛先生一再推辞。但是日航破产已经进入倒计时，大家一致认为在这种危急时刻，在日本除了稻盛先生之外，没有人能胜任。在这种情况下，又经过一段时间的慎重思考，稻盛和夫接受了在外人看来没有半点成功几率的日航重建工作。

一个退隐商场多年的高龄企业家为何有勇气接受这一挑战呢？

稻盛和夫有一套自己的经营哲学，在这一哲学的指引下在商界所向披靡数十年，无往而不胜，取得了一个又一个商业神话。他这一哲学的基本思想正是一种为他人着想的"利他"思维方式。那么，既然最终能够接受日航重建工作的挑战，当初稻盛和夫又为何要考虑许久才答应呢？其实稻盛先生是在进行自我确认。如果接受重建日航的任务，自己能不能做到摒除一切私欲私利呢？自己能不能不顾名利，全心全意地为企业做贡献呢？自己到底是怎样想的，这对稻盛和夫来说才是最重要的。

直到这些问题都想清楚了，也确定自己是在做"思善行善"之事，稻盛和夫才放心大胆地接受了这一重任。稻盛和夫的秘书大田嘉仁先生也曾回忆稻盛和夫当时的样子。他这样描述："一旦下定了决心，他的脸上就没有了丝毫的疑惑，变得神清气爽。"

稻盛和夫自己是没了疑虑，并且打算投入重建工作，可当时日本媒体并没有看到一位年长企业家为拯救企业所付出的心力和决心。舆论不久就开始众说纷纭，言辞更是难以入耳，矛头甚至直指稻盛和夫本人。舆论认为政府请这样一个已经过了黄金经营年龄的老人来当领导人，日航的重建工作是不可能取得成功的，甚至说日航一定会二次破产。就连稻盛先生提出不要一分钱薪酬的事也被曲解成这是他不负责任的表现，大家猜想稻盛和夫这么做的背后一定有更大的企图，也有人甚至取笑稻盛和夫是"钟点工CEO"。

稻盛和夫本着"为社会、为世人做贡献"的善意接受了这一国家任务，对他本人来说，其实目的很单纯，就是要"帮助日航员工"，这是他接受这一争议性重任的唯一目的。可这一目的不被社会大众所接受，甚至都不被面临失业的日航员工理解，他们也认为稻盛和夫的目的绝对不单纯，一定别有所图，只是他们现在还不知道而已。

大家对他的担心其实稻盛和夫自己也清楚，但大家担心的年龄问题从始至终都不是他最主要的考量因素。对稻盛先生来说，最重要的是要弄清楚自己的心，他要确认自己是凭着一腔善意来接受这一任务的。虽然最后结果我们也都知道，稻盛先生在完全"利他"的基础上，领导日本航空重振雄风，创造了又一个商业奇迹。

这样的结果足以证明，稻盛和夫当初的决定确实没有私心，且年龄根本就不是问题。无论看到这里的读者朋友处于人生哪一个阶段,我都想问一句:"你们,有被年龄限制过吗?"

一个人的"活法"为何影响了一群人?

> 我所思考的"活法",也就是我的人生观,立足于做人最基本的伦理观和道德观。
> ——稻盛和夫

长大之后,父母常说的一句话时常在我脑海中萦绕,那便是"一人一个活法"。记忆中,如果周围发生了一件事,而主人公又面临着或喜或悲、或前进或后退的处境时,作为旁观者的父母从不会轻易评价他人的状况,只是发出"一人一个活法"的感叹。当时的我,对"活法"这个词没有什么深入的理解。

直到2020年,在电视媒体做了多年记者的我无意中和一家出版社结缘,成为一名自由撰稿人,才开始接触"活法"。我初次结缘的便是日本企业家稻盛和夫。我开始解读稻盛和夫系列著作,第一本书就是《活法》。

作为稻盛和夫的代表作,《活法》是一本回答"人如何活着",即"人生意义和人生应有状态"的书,更是风靡全球的畅销书。我第一次知道稻盛和夫竟然不只是一位企业家,还是一位哲学家，读完《活法》之后，我不由感叹：这位长者的"活法"不一般啊。

作为企业家，稻盛和夫创办了京瓷集团和日本第二大通讯公司KDDI两家世界500强企业，并用一年的时间重建日本航空，让其扭亏为盈，利润达日航历史新高，也是当年全球航空企业中的最高利润，而这是稻盛和夫近80岁高龄的时候创造的惊人奇迹！

作为哲学家，稻盛和夫有自己的一套经营哲学，并多次在经营实践中运用这套哲学理论。他还相继出书，将一生的智慧拿出来和大家分享。除了代表作《活法》广为流传外，《京瓷哲学》《思维方式》《心》《付出不亚于任何人的努力》《成法》《干法》等著作同样受到读者的欢迎。

而作为稻盛和夫的代表作，《活法》一书正如书名一样，他本人所思考的"活法"，其实就是他的人生观，立足于做人最基本的伦理观和道德观。具体来说，就是我们熟悉的正义、公正、公平、诚实、谦虚、努力、勇气、博爱等，他的方法不仅适用于企业经营，同样适用于人们日常工作和人生各个方面。正因其哲学思想简单有效，才跨越了语言、民族、国家的边界，被全世界的读者接受。

企业经营需要方式方法，企业经营者更需要遵循道德准则。如果违背这些准则，再加上人格不成熟，一切以自我为中心，即使天生有才者也不可能干出一番大事业。反之，一个人的才能或许有限，但如果追求正确的行为准则，就会离成功越来越近。

同时，企业在开创新事业时需要新思想，最忌讳"做不到""不可能""再说吧"等消极思维。一个人如果确定了自己的理想，首先要做的就是大胆去想，当然这里的"想"可不是简单的想想而已。用企业家稻盛和夫的观点来讲，就是要做到睡觉想、起床想，总之干什么都要想着自己的理想，时时刻刻在内心呼唤理想。这样就会让强烈的愿望像种子一样悄悄生根发芽，最后成熟结果。这也是创造新事业的原动力。

难道只要"想"就可以了吗？当然不是，光有单纯的思想原动力是不够的，还要将这种愿望更加逼真、更加具体地通过实践展现出来，简言之，就是要付诸行动：精细认真地准备、反反复复地推敲、孜孜不倦地修改、不厌其烦地改进，在锲而不舍的努力之下，理想或产品才有可能超越原有的合格线，最终突破标准获得成功。

这其实是一个思考加行动的过程。在这个过程中，我们会重新认识劳动，重新衡量勤奋的价值。再美好的理想蓝图也要在敢想的基础上才能谈实现的可能性。所以，"敢想"才是成功人生的第一步。

回归到日常生活中，人的一生会扮演各种社会角色，有的相对成功，有的不尽如人意。对大多数人来说，工作最重要的功能是谋生，但工作更是一种体验，而"体验要重于知识"，通俗点说，经历才是一个人最重要的人生财富。

或许当下的工作不是当初的理想职业，但无论什么工作，重要的其实是态度和热情。若全身心投入工作，会觉得工作原来并不无聊，工作也有灵性。这该怎么理解？如果我们认真对待工作，工作也会大方回馈，或职位、或金钱、或荣誉。得到回报的我们就会对工作产生更加浓厚的兴趣，并收获愉悦的心情，这种心情又让人在工作中充分发挥出潜在的干劲和才能。慢慢的，就会产生一种良性循环，不知不觉你就会爱上自己的工作。

接触到稻盛和夫的"活法"时，我正处于失业状态，当时是怀着一种抑郁的心情在读。领悟到书中内容之后，整个人一下豁然开朗，也更体会到为什么有那么多人要学习"稻盛哲学"了。

"稻盛热"不是没有道理的。为学习稻盛和夫的经营理念及人生哲学而自发组织的非营利性学习平台"盛和塾"成立于1983年，到现在已经有40个年头，并在不少国家成立了分塾，企业家会员更是遍布世界各国。截至2019年底，巴西、美国、韩国、中国相继成立了盛和塾分塾，人数超过15000名，这样深远的影响实属罕见。

可是，稻盛先生86岁时突然对外宣布，盛和塾将在2019年年底正式解散，结束所有活动，只保留中国的分塾。至于为什么要解散"盛和塾"，又为什么会保留中国分塾，稻盛先生也给出了明确的解释：

> 我之所以那么想（指解散盛和塾），是因为考虑到，我走了之后，有人拿着盛和塾的名字随意活动，产生问题的话

就不好了。所以我说过不要使用这个名字了。嗯，那样的人也许可能出现吧，但是到时那也是没办法的事。还是用盛和塾，就用这个名称做下去吧。

一路以来中国地区盛和塾做得非常好，我表示深深的谢意。正如今天所讨论的一样，今后还希望大家能够互相帮助，一起做下去。

（引自盛和塾官方公众号2022年4月20日《了解盛和塾》）

稻盛先生曾多次访问中国，受央视专访多达7次，对中国古代文化颇有研究且一生贯彻执行。他的"活法"哲学语言简明真诚，人人都可以理解和学习。

其实，日本企业家稻盛和夫和中国以及中国文化有着千丝万缕的联系，这在他的"京瓷哲学"中一目了然。本书中，我也用相当篇幅对稻盛先生与中国文化之间的故事做了梳理与详细的解读。详情见本书《中国智慧如何影响日本"经营之圣"?》一文。

人生困境如何渡？

> 若想工作和事业取得好结果，不应向外求，而应向内求。
>
> ——稻盛和夫

在反复阅读稻盛先生的传记之后，我得到这样一个认识：碰到挫折是起点，而非终点。希望悟到这一点的人，人生都不会太差。

稻盛和夫大学毕业后的第一份工作是在一家名叫松风工业的公司做研发，可是刚进去不久就发现公司经营状况很不好，连工资都发不起，一度濒临破产。面对这种情况，稻盛和夫感到自己前途渺茫，但从小就不服输的他，还是极力说服自己全身心投入技术研发之中，而不是整天做无谓的抱怨。结果，稻盛和夫还真在实验室中找到了生活的希望。

也正是在这个困难时期，稻盛和夫练就了他人生中最扎实的技术基础。更重要的是，之后享誉全球的"京瓷哲学"，正是萌发于这一时期。也就是说，如今京瓷几万名员工人手一本的《京瓷哲学手册》，正是创始人稻盛和夫在人生最迷茫、最不顺遂的时候，凭借自己在困境中工作所获得的感悟记录而成的心得智慧。

困难，每个人或多或少都会遇到，但对待困难的做法却不尽相同。在困难面前有人选择放弃，有人选择无论如何都要坚持下去。即使是今天功成名就的稻盛和夫在人生处于困境的时候也曾抱怨过，甚至也想过放弃，以此来逃避眼前的种种不顺。但后来事业和人生都能取得巨大成功，很大一部分原因就在于稻盛先生在面对困境时，没有选择放弃，而是选择坚持下去。

稻盛和夫有一个比喻很值得我们思考，经营企业就好比要攀登一座山，攀登不同的山要付出的准备和努力是绝对不同的。有的企业目标是上市，有的企业则想要做到世界500强。那京瓷呢？在20世纪50年代创立的时候，稻盛和夫就将他的企业目标定为攀登世界第一山峰，即把京瓷做到世界第一的位置。

这样的高目标自然需要付出别人难以想象的努力，对于稻盛和夫来说，企业经营过程中如果有人觉得辛苦难以继续向前，想要退出，也不会影响他登顶的决心。对他来说，别人要放弃是别人的事，但自己要对自己的一腔热情和许下的诺言负责，既然已经上路，就绝对不会给自己退缩的借口。义无反顾攀登世界第一高峰是稻盛和夫坚定的目标，而"稻盛哲学"就是他为攀登过程准备的精神食粮。

仔细琢磨，稻盛和夫这样的理念不仅适用于企业经营，对人生一样适用。若想登上人生的顶峰，必须以高标准要求自己，这样的要求很考验一个人内心的力量。

有时虽然确定了目标，开始执行的时候难免会受到来自身边人的质疑和否定，甚至有人打着"关心你""为你好"的幌子寻找其他所谓更好的发展出路。针对这一现象，稻盛和夫有一个很好的比喻，那就是把这些所谓的好称为"恶魔的耳语"。他清楚这样的声音在生活中无法避免，也知道这样的声音一出现，一定会有一部分意志不坚定的人选择放弃。

对于那些不受外界影响，始终坚持自己内心想法，以心中目标为方向奋发前进的人来说，能做到"心定"，其实已经成功了三分之一，也就是说具备了为目标勇往直前的决心。

接下来呢？真正的人生旅途才开始，大大小小的困难时不时便会迎面而来，给我们一个措手不及。这时，一个人是否拥有直面困难的勇气显得异常重要。

总有那么一些人内心充满恐惧，这类人的显著特点是胆怯怕事、喜欢找借口、习惯推脱责任、容易逃避问题。毫无疑问，这样的人很容易被困难击倒，在稻盛和夫看来，他们是最缺乏勇气的人。不仅胆小，在遇到事情的时候，不去想如何解决问题，而是将重点放在如何逃避问题上，甚至想着通过走捷径来逃避困境。这显然是一种对困难示弱的行为，一旦成为这样的人，事业和人生很容易受到影响。

有时候要想继续前行还真没有更好的办法，只有硬着头皮坚持。一个成功的推销员一定不会去想"这个产品我绝对卖不出去",对他们而言,卖不出去也要卖,不断换着法儿地推销自己的产品,直到销售出去为止。有时候最大的障碍不是来自别人的阻碍,而是自己内在的怯懦与自我否定。

太想完成一件事情的时候,往往会比较着急,这时坏情绪也会不请自来,如何应对这种情况呢?稻盛先生认为,失败是人生常有之事,重要的是不管发生什么,最好不要有这些"感性的烦恼"。其次,在困难发生之后要用一种新举措、新思维去面对。那些隐藏的负面情绪不仅不起作用,还会影响身心健康,一味消极下去怎么说都不是面对困境该有的样子。

如果能意识到失败是人生常事,就要学会时刻调整自己的状态,不忘自我反省,同时分析事件本身,对症下药,付诸行动去解决难题。人正是在这样的过程中不断获得宝贵成长经验的。

在人生之路上获得一次次的成长之后,就会收获稻盛和夫所讲的"斗志",即一种不顾一切都要完成目标的精神和气魄。而人一旦拥有了斗志,再遇到困难,处理起来都不在话下。

对于一家企业的领导者来说,拥有这种斗志尤为重要。但是,对于斗志的把握也要遵循一个度,倘若领导者自身修养不够,他的斗志不但可能无法带领下属完成目标,甚至一不小心还会让自己和企业步入绝境。

对于个人而言,只有意志够坚定,才有可能获得美满的人生;对于企业来说,除了要有优秀的领导者,还要拥有适合自己企业发展的哲学,这样才有机会开拓全新的事业,让企业和员工都实现成长,得到自己的那一份收获。

最会省钱的人原来是稻盛和夫？

> "以节俭为本"是京瓷哲学的根基，是最为重要的条目。
>
> ——稻盛和夫

众所周知，稻盛和夫坐拥两家世界500强企业，财富对他来说只不过是个数字而已。但就是这样一位资产丰厚的企业家，生活却超乎想象地节俭。不仅如此，他还把节俭作为"京瓷哲学"中最重要的理念之一，让京瓷的员工也和自己一同奉行节俭的美德。

看过稻盛先生关于公司日常管理的论述后，第一反应是，鼎鼎大名的企业家稻盛和夫竟然把经营企业当作经营生活来对待。这样独特的经营方式首先就体现在领导者稻盛和夫的节俭观念上。稻盛和夫怎么会在企业经营中倡导日常生活中较为提倡的节俭美德呢？这要从稻盛和夫本人的生活习惯说起。

无论是创业初期经济困难，还是从小生活在一个兄弟姐妹多且不富裕的家庭里，用稻盛和夫自己的话说，他是一个怎么学都学不会奢侈的人。

稻盛和夫后来从自身探究过原因，他觉得自己或许本来就是一个劳碌命，或者自己本来就是一个小气的人，他甚至觉得劳碌和小气就是自己的天性。有了这样的自我分析，后来创业成功，稻盛和夫还是没有养成奢侈的习惯，可以说稻盛先生从心底排斥奢侈。因此，在企业经营过程中，稻盛和夫也将节俭作为经营的根本，即使如今京瓷已是世界500强大企业，也依然如此践行。

今天的成就是辛苦努力换来的成果，而企业将来的发展走势又会由今天企业的存在形式来决定，把节俭视为企业发展的根基，是稻盛和夫经营管理下绝对不能变的原则。

不仅如此，稻盛和夫还在实际的企业管理条款中融入节俭思想。他主张每位员工都要具备成本核算意识，而作为企业的领导者，首先要清楚的就是自己企业中每位员工每天的人工成本是多少。稻盛和夫为什么要如此精细地要求领导者呢？

举例来说，一名员工每小时的人工成本是50元，如果这位员工在工作时间里有一个小时没有认真工作，或者开小差根本就没有工作，那他就浪费掉公司"每小时50元"的价值。对企业领导者来说，应该看到"每小时50元"的工作价值，并且这50元的工作价值正在他眼前随着时间的流逝快速消失。

其实，"提高核算意识"的核心正是让所有员工主动意识到，他们在公司里的每分每秒产生的人工成本到底是多少，只有当员工和领导者都具备这种以成本意识看问题的能力并清楚其重要性，才会心甘情愿地在工作中配合彼此，也才有可能一起为公司创造出更高的经济效益。

当然，在企业日常管理中，仅做到这些还不够，要想培养企业员工的成本意识，还要培养他们去关注工作中的日常小事。作为京瓷的领导者，稻盛和夫会因为在地上看到散落的螺丝钉而质问在场员工："你知道一个螺丝钉要多少钱吗？"员工经常被问得一头雾水，不明白领导问这话的意思是什么，员工也不会想到堂堂的董事长会关注地上一颗螺丝钉的价格。

但对稻盛和夫来说，看到车间随意丢弃的原材料时，他会感到心痛，进而因为这种浪费行为忍不住发火。难道稻盛和夫真的像自己所说的那样，是一个小气的人吗？

这样一位大企业家竟然去关注一颗螺丝钉的价值，并因为有人浪费它而大发雷霆，对于这件事很多人或许感到不解，觉得这是小题大做，又或者认为这个老板也太"小心眼"了吧。但真相有时就在细节处，小事情的背后或许存在致命的问题。

作为领导者的稻盛和夫不是心疼一颗螺丝钉的价值被浪费掉了，而是丢弃一颗螺丝钉在他看来是一种没有成本意识的行为。管理者如果自身不具备成本意识，或者没有对下属进行教育宣传，没有让成本意识渗透到每位员工的心中，长期下去公司的实际效益定会受到影响。

这样解读下来，那个自嘲"小气"的企业家稻盛和夫或许才是一个不折不扣、从不贪小便宜的领导者。我们接着来看案例。

很多企业会在材料降价的时候大量购进原材料，有时为了单价更低，会从厂家那里买入超出所需很多的原材料，这是大多数公司采用的方式。这么做看似是为公司省钱，但在稻盛和夫眼里，反而是一种浪费。

一方面，当采购量较大时，自然需要更多或更大的保管场地，此时支付的仓储费用实际已经造成了额外开支，总体算下来，这样的采购或许早已不划算。另一方面，尤其对于生产商来说，产品规格随时会发生变化，如果一味按照之前的产品规格去采购材料，后期一旦规格改变，那之前买进的材料就无法再使用，被迫造成浪费。最后，从人的心理出发，当员工知道公司的采购量远远大于使用量时，就会不自觉地在使用时造成浪费，心想反正仓库里原材料多的是，浪费一点不算什么。

为了降低成本而批量采购的现代经济原理在稻盛和夫这里却没有立足之地，他的经营理念与之背道而驰。那么，稻盛和夫的理念又是什么呢？

很简单，这又回到稻盛和夫讲过的"把事情简单化"的道理上，就是"按所需数量购买所需物品"。

也许有人会问，当公司需要材料的时候，如果刚好碰上材料涨价，此时购入，那成本不是很高吗？这个问题在稻盛和夫看来也简单，他觉得比起贪图便宜轻率购买造成的仓储费用增加、产品规格随时发生变化、员工不珍惜造成的浪费，价格高一点购入也不是个大问题，"按所需数量购买所需物品"的好处足以弥补那点差价损失。

在京瓷，稻盛和夫原创的这种"按所需数量购买所需物品"的原则被称为"购买时下所需"，意思是只买当下所需要的材料。看似没有在购买时享受到优惠的价格，其实在稻盛先生的哲学里，他早已是收获的一方。

如此看来，最会省钱的人是稻盛和夫，最会赚钱的人同样是稻盛和夫啊！

怎么将不可能变成可能？

> 如果我没有养成敢于挑战"不可能完成的任务"的习惯，面对伸手不见五指的未知领域，我势必会心生恐惧、裹足不前，最后拜托别人为我引路。
>
> ——稻盛和夫

稻盛和夫从小就特别喜欢挑战，性格里有不服输的拗劲儿，但也是因为这样的倔强，稻盛和夫小时候吃了不少亏。比如他觉得老师不该偏心，尤其是对家庭环境优越的同学不该格外照顾，老师应该对学生一视同仁。为此他遭到老师的拳打脚踢，但他认为自己是正确的，依旧坚持自己的观点。

这一点在稻盛和夫的企业经营中也有体现。在公司，稻盛和夫不会倾向于那些很会溜须拍马的干部和员工，而是以工作表现、个人才能等多种因素综合考虑。如果企业家像偏心的老师一样，只关心班里家庭条件优越的学生，或是只去关注学习成绩优异的同学，那这家企业的整体表现一定不会让人满意。

无论是为了企业效益，还是为了班级成绩能够提升，只有让所有人"形成合力"才能其利断金。而一个集体的力量一旦开始分散，那就离失败不远了。

企业是一个商业体，要运营发展，就需要尽最大努力将具有不同能力、不同情况的众多个体凝聚起来，形成统一的力量来对抗外部风险。企业中的个体采取什么样的思维方式，在一定程度上决定了企业的发展结局。

一家企业的经营理念就如同一个人的思维方式。一家企业的经营理念是什么，员工又能践行企业理念到什么程度，这些都会在无形中决定企业的命运。

久经商场，最终成为一代"经营之圣"的日本企业家稻盛和夫又持有怎样的处理困难的智慧呢？

首先要承认的是，困难谁都会遇到，而且一生中遇到的困难数不胜数，我们要提前具备这样的心理认识，然后在这种认知下主动培养一种习惯。一种什么样的习惯呢？就是敢于挑战"不可能完成的任务"的习惯。

作为一名企业家，稻盛和夫的一生可谓时刻在与困难周旋。为什么不用"对抗"描述，而用"周旋"呢？了解稻盛和夫的经历之后，会发现他是一个很会和困难打交道的人。

换句话说，在面对困难的时候，稻盛和夫不是一个极端的人。他不接受困难的摧残，更不会被困难逼迫到放弃，而是在困难面前保持清醒，勇敢地直视眼前的难题，直到看清、看透它到底是何方神圣，才会出手。一旦行动起来，就决不回头，直到成功为止。

当然，能具备这样的魄力，要求企业家拥有异于常人的智慧。此外，要想打赢这一仗，还要有自己的独门法宝。

独创性对企业经营很重要，甚至会直接决定竞争的结果。尤其是对一些从事技术研发的企业来说，创新既是命门，也是法宝，是将企业经营中遇到的不可能变为可能的秘诀之一。创新具有双面性，在带来挑战的同时，也会给发展中的企业带来机遇。

在稻盛和夫的指引下，京瓷从创业开始就走上了创新道路，即使在创业最艰难的时候，稻盛和夫都要求自己的产品在创新和技术要求上不得有一丝马虎。不管研发中遇到多大的难题，还是遇到多么刁钻的客户，稻盛和夫都命令员工严格遵循客户的要求，决不可投机取巧，更不能临阵脱逃。

一是因为稻盛和夫认为企业要对客户保持诚信，所以只要是顾客要求的，京瓷就一定会按对方的要求做到。另一方面，稻盛和夫认为在技术研发中有一种"技术的连锁式运用"原则存在，就是当企业成功研发出一类产品之后，研发过程中还会不经意间获得关于产品的其他操作灵感，这样的连锁反应会在接下来的生产中带来越来越多新产品研发的创新想法和创新技术，从而让创新生生不息。

京瓷就是这样长年累月地应对各种生产挑战，逐渐形成了自己的技术独特性，还获得不少具有影响力的奖项认可，如大河内纪念生产特别奖、科学技术厅长官奖等。

"重视独创性"被列进"京瓷哲学",由此可见创新在企业管理中的重要性。

要将原本认为不可能的事情做成,除了要确立正确的思维方式、经营理念和时刻保持创新思维外,其实还有其他条件,而"树立高目标"就是其中尤其重要的一个。

恐怕没有几个企业家能像稻盛和夫一样,在创业之初就放出豪言壮语,说要将自己的小工厂发展成为世界第一的大企业,也同样没有几个企业家在说了这样的"大话"之后,最后还真做到了。

稻盛和夫认为,要想取得大成就,就要树立大目标;想要获得小成就,小目标其实就足够应付了。试想,古往今来凡是能成就大事业者,哪一个不是在最初就拥有远大目标,哪一个不是向着自己设立的目标在努力。正是因为当初那份胸怀大志的豪情,最后才能创造出伟大的事业。

一件事情的可能或不可能,最初只是我们的主观判断,如果能付诸行动,让不可能变为可能,人生的乐趣将在挑战成功之后全部显现出来。

谦虚能"辟邪"吗？

> 要谦虚，不要骄傲，要更加努力。现在是过去努力的结果，将来由现在的努力决定。
>
> ——稻盛和夫

从小我们便知道谦虚是一种美德，但从来没听说过"谦虚能辟邪"的说法。其实，这是大田嘉仁正式成为稻盛和夫秘书之后，稻盛先生语重心长地告诫他的第一条准则，希望他做人要时刻保持谦虚，这在工作和生活中都非常重要。

这条准则并不是说谦虚真的能辟邪，只是突出谦虚对一个人的重要性。在稻盛和夫看来，人只要谦虚了，很多问题就不会发生，尤其是能避免不好的事情发生。据大田嘉仁回忆，刚成为稻盛先生的秘书时，他感觉自己已经非常谦虚了，但稻盛先生还是不放心，时常批评他做得还不够，小到说话方式、行为举止、穿着打扮，大到如何识人、如何领导他人、如何理解经营哲学等方面。对大田先生来说，这也是他事业成长最迅速的时期。

其实稻盛和夫说的谦虚，不仅仅是我们常说的一种态度或者美德，它同样是一种行为方式和处世哲学，并且一定要体现在具体事情上，通过"事上练"，做到真正的谦虚谨慎。

当年应日本政府邀请他出山接手日本航空重建工作时，稻盛和夫低调得像一个普通的路人。他没有大张旗鼓地宣布什么豪言壮语，只是带着几个亲信和他心中的哲学就出发了。

对稻盛和夫来说，能有这般底气是因为他有经营京瓷几十年总结出来的"京瓷哲学"做根基。虽然是航空业的门外汉，但他依然相信哲学在人性上具有的相通性，因此当时即使是在专业的咨询机构面前，稻盛先生还是能够斩钉截铁地否定对方。他认为日航的重建不需要这些所谓的专业咨询公司，只需要他自己的哲学和阿米巴经营就够了。

这样来看，稻盛先生好像也并没有那么的谦虚，反而看上去有点嚣张。没错，当时很多人包括日本媒体也这么认为，一个近80岁的航空业外行老头儿竟然就这么打算拯救日航，不少人做好了看热闹的准备。

但这些只是稻盛和夫在表明决心和信心时的一种姿态，也是一种要做成一件事的强烈愿望的表现。对于稻盛和夫来说，内心的方向一旦确定，就不会受到任何人的干扰。

那稻盛和夫倡导的谦虚到底体现在哪里呢？这要从他接下来的实际行动里找答案了。

在稻盛和夫上任日航会长的第二天，他就亲自到机场的工作现场。按照日航之前的习惯,应该把各部门的干部召集起来一起见公司会长,顺便汇报各自的工作情况,但稻盛和夫拒绝这种工作安排。他要亲自走进工作间视察现场,还要到员工办公室,到每位员工的办公桌前和他们打招呼,向大家做自我介绍。

这可吓坏了一直在官僚体制里工作的日航员工们,因为日航之前的管理层从来不会访问员工的工作现场,也从没有领导这样关心过他们,态度还如此温和。不仅如此,为了不打扰大家工作,稻盛和夫在视察期间不会停留过长时间,在走的时候还会为自己的突然到来向员工表示歉意。

稻盛和夫这样的作为并不局限于某一次视察,而是每去到一个工作现场都会如此向在场的员工介绍自己,同时为大家加油鼓劲儿,没有显现出一个快80岁老人家的一丝丝倦意。久负盛名的稻盛和夫如此作为让日航员工佩服不已。大家明显感觉到,稻盛和夫的这次到来或许真会给濒临破产的日航带来一线生机。

不但如此,稻盛和夫一有时间就会到各个工作现场,有时还会把大家召集在一起给他们授课,讲授的内容正是自己的经营哲学。下班后有时会举办简单的"空巴"和大家一起喝酒谈天,把酒欢笑间也不忘给员工提升士气。

一段时间之后,做事笃定、为人亲和的稻盛先生就得到日航员工的喜爱,大家甚至希望这个老人家能再来自己的工作间视察。见到稻盛和夫的员工也不再像之前见到日航领导那样刻板严肃,而是把自己的喜悦之情完全展露出来,表现得异常兴奋,有的还会和自己的亲人朋友分享稻盛和夫视察自己工作间的好消息,之前死气沉沉的日航逐渐有了"活"起来的迹象。

此时,社会各界还是不敢相信稻盛和夫的哲学有如此功效。难道只要改变人心,日航的重建工作就能取得成功吗?事实证明的确是这样。以"追求日航全体员工物质和精神两方面的幸福"为基础制定的日航哲学,以及后来对日航所有员工开展企业哲学教育的举措,都体现出稻盛和夫"以人为本"的哲学基础。

稻盛和夫能够让日航起死回生看似是一个商业奇迹,其实又在常理之中。正式来到日航之前,稻盛先生的工作计划是一周花三四天的时间在日航,但据他的秘书大田嘉仁回忆,稻盛先生实际连休息天都没有。先不说一个80岁老人家的体力能否应付这样紧张的工作安排,稻盛和夫要做成一件事情的决心和魄力,相信我们是完全能感觉到的。

有时,稻盛和夫视察完工作现场还不放心,担心还有员工了解不到自己的想法,回到办公室之后便会做另一件事,就是写信。写给谁呢?稻盛和夫向公司的管理层和员工分别致公开信。在信中,稻盛和夫除了再次阐明自己的思想之外,也会写明日航的经营状况。信的中心思想就是希望全体员工能够和他共同努力,让日航再次回归航空业的代表性地位,言语间充满着鼓励与诚恳。

这样一封信下来,让之前因为工作原因没有见到稻盛和夫的员工,也能读到稻盛和夫亲笔写的公开信,切身感受到领导人的热情和决心。同时，作为一名日航员工，还能通过此信了解自己企业的经营现状，大家的心里渐渐对日航的重生燃起希望。就这样，日航员工的斗志被新上任的日航领导人稻盛和夫一点点带动甚至燃烧起来。

从拯救日航的举措可以看出，稻盛和夫用自己的实际行动诠释了企业领导者谦虚智慧的重要性。稻盛和夫不只对待自己的员工这般用心，对待客户也同样如此。举例来说，作为服务业的日航经常会收到客户的投诉信，对于这些信件，稻盛和夫毫不犹豫地表示都要看完。即使信件的内容五花八门，稻盛和夫也都会认真阅读，并给部下提示，告诉他们该如何回复这些信件。事实证明，日航的服务水平正是通过客户即时的真实反馈得到很大提升，同时管理层也可以通过反馈对日航存在的问题做出对应指示。在日航干部员工的共同努力之下，日航的服务效率变得越来越高。

先前被大家认为会二次破产的日航，仅用了一年时间便重生，并且在距离宣告破产两年零八个月之后重新上市。无比高兴之际，稻盛和夫这样告诫日航所有员工："要谦虚，不要骄傲，要更加努力。现在是过去努力的结果，将来由现在的努力决定。"

这是稻盛和夫对日航员工的鼓励，也是为重生的日航敲响的警钟。要长久经营一家企业，不仅领导者自身，还有企业里的全体干部员工，必须将谦虚刻在自己的骨子里，刻在企业文化里。这也是员工幸福、企业发展必不可少的正向思维方式。

作为人,什么是正确的?

> 因为自己对经营一无所知,所以就以"作为人,何谓正确?"作为判断基准。就是说,以作为人是正确还是不正确,是善还是恶作为经营的判断基准。
>
> ——稻盛和夫

"作为人,何谓正确?"

这是稻盛和夫哲学中很重要的一个思考,每当稻盛先生在企业经营中遇到难以抉择的事情时,他就会想到"作为人,何谓正确"这一问题,并以此作为判断基准。不可思议的是,只要考虑清楚了这个问题,稻盛和夫就能迅速做出判断,甚至可以达到零失误的程度。

那么,作为人,何谓正确呢?

看到这个问题,刚开始我也没有想明白,更准确地说是把问题复杂化了,其实答案都是些再熟悉不过的准则,像公平、正义、勤奋等中华文化崇尚的品质。再简单点,就是那些和恶无关，只和善相关的东西。

贪婪是恶，但奉献是善；懒惰是恶，但勤奋是善；骄傲是恶，但谦虚是善；自私是恶，但利他是善……就是这些每个人生活中都能遇到，也都明白，但未必每个人都能做到的简单道理，却成了"经营之圣"稻盛和夫最重要的哲学之一。

当今社会有不少企业家苦思稻盛和夫的经营之道，研究"稻盛哲学"。我觉得这是一件好事，但也不必搞得太神神叨叨。当一个人做好自身作为人应该做的事，那个隐藏的"道"其实就已经出现了。

《道德经》里讲的"圣人之道"，如果放在企业经营中，也可以理解为领导者之道，这一点作为成功企业家代表的稻盛和夫就做得很到位。

在企业经营中，稻盛和夫这个领导者总是会为了员工的幸福去谋事业，把员工的利益放在第一位，而不是把领导者的利益放在第一。几十年来，不仅经营自己的两家企业京瓷和KDDI是这样，后来领导日航的重建工作时，稻盛和夫也是如此对待日航员工的。

那一味地为别人着想的结果又是什么呢？稻盛和夫得到了所有员工的忠心付出和死心塌地的跟随，自身事业因此发展得越来越大、越来越顺。京瓷和KDDI双双成为世界500强企业，日航更是在一年时间里创造了历史最高利润，后来更从破产境地到重新上市，让日航得以续写航空业的神话。

熟悉稻盛和夫的人都知道，他的管理之道离不开中国文化的影响。稻盛和夫非常喜欢博大精深的中国文化，几十年的企业经营生涯中，他一直把中国圣贤之言作为自己做人做事的标准。稻盛和夫这一"爱员工如子"不计得失的行为如果用《道德经》中的话来说，正是"圣人后其身而身先，外其身而身存。非以其无私邪？故能成其私"。

从企业管理的角度去理解，就是稻盛先生放下了他个人的私欲，转过头来把员工的事情作为最要紧的事来处理。这么做的结果是，稻盛和夫自己的事业非但没有受到影响，反而收获了员工们倾尽全力为企业付出的干劲儿。其实细想一想，企业领导者这么做的最终获利方除了员工，还有企业和领导者自身。

这其实是一个两全其美的方法，领导者与员工都获利，达到双赢。实现了员工物质和精神两方面的幸福，同时领导者的事业也因员工的助力获得发展，何乐而不为？

这就是稻盛和夫作为领导者的智慧之处。其实，"道"讲的不仅仅是领导者法则，还有人世间万事万物的法则，即便不是企业家，也完全可以拿来用。

首先，"道"告诉我们这个世界是不断变化的，不能总想着永远拥有一个人或是一件东西，而是要顺应自然之道，来即来，去则去。现代社会中人们对金钱恐怕是最执着的了吧，金钱的魅力在于它可以换来一切物质，像房子、车子，甚至有一种极端的认知认为金钱无所不能，连爱情也可以换到。

真是这样吗？金钱换来的一切就都是你的吗？就算是你的，永远属于你吗？就拿爱情来说，拿金钱换来的爱情，先不说它能不能永远属于你，就说这样的感情可称为爱情吗？

再比如说，水是一种特别的存在，它像一个胸怀宽广的智者一样，可以包容世间的是是非非，却从不做出评价。水可以滋润万物，却默默无声，还不会因为自己劳苦功高而把自己放置在高处，好让万物瞻仰它的功绩，反而永远把自己置于低处，不争不抢。水只做那个奉献者，而不做邀功者，这就是水之"道"，"上善若水"的伟大之处便在于此。

人世间的万事万物都有它存在的"道"，人更是如此。稻盛和夫的道是以"作为人，何谓正确？"为基准的道，他相信付出从本心出发的善良也一定会收获同等的善良。世界本是一个整体，自身具备什么样的能量，宇宙自然会返回同样的能量，善意会收获善意，恶意则会吸引同样的恶意。

既然是自然之道，就不需要刻意为之。拿稻盛和夫在企业经营中的付出和收获举例来说，稻盛和夫一直为了员工的物质和精神两方面的幸福在付出，在这个过程中，他能不能对自己的付出有所衡量？想着自己是不是付出得差不多了，可以索要回报了？如果稻盛和夫这样想了，甚至这样去做了，那事情的结果一定会发生大反转，一定不会如他所愿。对员工而言，他们也一定不会感受到来自领导者的百分百善意，员工没有被领导者的行为折服，自然就不会全心全意为公司付出，那企业又何谈发展呢？

因此，不求回报的付出才是关键。作为企业的领导者也是如此，只要有机会就要为自己的员工付出，只要员工需要就应该为他们争取，以员工的利益为先，这样才是企业领导者应该遵循的"道"。反之，一旦领导者开始计较得失，自然之道就如同遭到干扰一样，乱了规律，回送的信号时有时无，甚至信号错误，结果自然无法令人满意。

当年日本遭受石油危机时，京瓷业务也受到大环境的影响。在这样困难的时刻，日本其他公司都开始以裁员的方式来缓解经济压力，稻盛和夫却没有这样做。他没有开除一个人，所有员工在经济困难的时候都能照常上下班，照常开展工作。即使是在这样困难的时候，稻盛和夫也绝对不会选择牺牲员工的利益来自保，他要做的是和员工共进退。稻盛和夫没有考虑在困难面前公司发展会不会受到影响，而是先考虑如何保住员工的饭碗，让他们不必有生活的压力。

稻盛和夫这样的付出最终产生了奇迹，他的大善大义之举，换来了员工们的拼命工作，大家以此来回报老板的善意。结果，虽然处在经济危机之下，京瓷却没有受到任何经济损失。更让人没想到的是，公司股价大幅度上升，稻盛和夫的员工因此收益颇丰。

不只是企业领导者应该以一种"无我"的状态去善待员工。对所有人来说，都应该以不计得失的付出和为他人着想的"利他"思维处世。当宇宙接收到我们发出的纯真善意后，必定会回馈更加幸福美好的人生。

花钱也需讲究"道"?

> 我把企业应采取的光明正大的态度称为"求财有道"。同样,在使用利润时,不是为了满足私利私欲,为社会为世人使用财富的、正确的为人之道是存在的,这就是所谓"散财有道"。
>
> ——稻盛和夫

京瓷股票上市后,稻盛和夫拥有了一笔相当可观的资产,但这时候的他并没有像大多数人一样高兴不已,成就感十足,而是陷入沉思,因为这件事让稻盛和夫对金钱有了新的思考。那么,此时的稻盛先生到底在思考什么呢?

稻盛和夫想,自己拥有的这笔巨额资产,真的属于他个人所有吗?

苦思冥想之后,稻盛和夫得出的结论是:这些财富其实并非归他所有,而是属于社会的。那为什么财富又会在他手中呢?稻盛和夫得出的答案是:这只是社会在委托自己保管而已。

看到这里，不禁被稻盛和夫这样的"悟"震撼。对于金钱，恐怕没有几个人会有如此大的度量，竟然会认为自己辛辛苦苦赚来的钱不属于自己，而是属于社会。但稻盛先生对金钱的看法不仅仅是一种度量这么简单，可以说已经上升为"道"。

《增广贤文》有云："君子爱财，取之有道。"意思是贤德仁义的君子喜欢钱财势必会通过正道来获取，而不会通过耍小手段获得不义之财。

"经营之圣"稻盛和夫一生通过自己的经营哲学为企业获取财富，不仅是"取之有道"，用他自己的话说其实是"求财有道"。但稻盛和夫更智慧的地方还在于他对金钱的"散之有道"。

文章开头讲到，稻盛和夫拥有了巨额财富之后反而开始感到不安，甚至是羞愧，因为稻盛和夫认为他所拥有的这些资产并非真正属于他，而是属于社会，他只不过是一个钱财的保管者而已。那这样巨大的一笔财富稻盛和夫又该如何处理，才能达到内心的祥和呢？

稻盛先生有一人生观，就是"为社会、为世人做贡献"，这一人生观在关键时刻总会帮他的大忙。每当稻盛先生遇到困境不知如何去做的时候，想到自己这一生的使命是要为社会、为他人尽心尽力，整个人便一下子豁然开朗起来。

稻盛和夫以技术研发的岗位进入职场，他深知研究人员的辛苦和不易，但社会上对他们的奖励却少之又少，有些人终其一生投身于科学研究事业，世人却连他们的名字都不知道。人类要发展,除了精神文明的进步外,科学技术发展同样重要,稻盛和夫认为这些人才值得被支持和奖励。

于是,20世纪80年代,稻盛和夫开启了他的表彰事业。为了践行自己的人生观,做到真正回报社会,1984年稻盛和夫设立了稻盛财团,紧接着又设立了一项有"日本诺贝尔奖"之称的国际奖项,称为"京都奖"。

"京都奖"自1985年首次评奖以来,保持着一年一次的颁奖频率,颁奖规格很高,并且奖金金额和诺贝尔奖相近。稻盛和夫这么做是为了给那些在科学技术研究领域中做出过重大贡献的科研人员以最实在的鼓励。只是"京都奖"对有获奖资格的科研人员还有一定的要求,获奖者不仅要在自己的研发领域有所成就,还需要像"努力至今的京瓷人一样",具备为人谦虚、刻苦钻研、付出不亚于任何人的努力等优秀品质。

其实早在京瓷成立初期,还没有如今的规模时,稻盛和夫便尽力开展各种社会性活动,用自己的实际行动来支持和帮助他人,还参加过不少慈善募捐活动。京瓷今天的成就离不开所有股东、员工,还有合作伙伴的支持,因此当企业不断发展壮大的时候,稻盛和夫认为要回馈这些曾经和自己并肩作战过的伙伴们,企业领导者要学会对他人、对社会进行"反哺"。

设立"京都奖"是稻盛和夫回馈社会的方式,但也只是他回馈社会的诸多方式之一。除此之外,稻盛先生还在他几十年的企业经营中实实在在地从资金方面对社会不同领域进行过资助。

1985年，正值美日贸易摩擦最激烈的时期，考虑到国家间经济上存在的问题也会给本国文化造成影响，稻盛和夫毅然支持日本国内多位知名画家将48幅作品带到欧美国家巡回展出。此次稻盛先生对本国绘画展的赞助，为现代日本画推广到欧美创造了大好机会，为日本的文化事业贡献出自己的一份力量。

研发人员出身的稻盛和夫一直十分关注学术领域，1990年，稻盛先生担任美国华盛顿卡内基协会的理事，并资助在智利的安第斯山脉海拔2300米处的天文台安装天文望远镜的项目。为了帮助这一项目落地，稻盛先生动用了京瓷、第二电电（现为KDDI）以及他个人的力量，尽全力协助望远镜的安装使用。这一项目于2000年完成并投入观测，通过宇宙观测为科学的发展进步做出贡献。

此外，念着母校的培育之恩，稻盛和夫委托当时日本著名的建筑家亲自设计，为母校捐赠了一座纪念会馆，作为母校鹿儿岛大学工学系成立50周年的贺礼，同时也希望通过这样的举措让年轻的学子能够充满斗志，从母校起飞，创造更加美好的未来。稻盛先生还向自己曾经就读的工学系提供资金，设立了"京瓷经营学讲座"，通过让学生尽早学习京瓷哲学来培养未来的优秀管理者和创业者，希望他们将来能开拓出卓越事业，为世人、为社会做出贡献。

除了这些，稻盛和夫还是一个酷爱体育的人，他崇尚体育精神以及运动给人带来的振奋力量，赞助京都一家足球俱乐部，有时间就去现场为球员们加油呐喊，通过自己的实际行动来点燃年轻人的运动激情。稻盛和夫不仅希望日本年轻人永远活力满满，也同样关注来日本留学的留学生们，他希望在日本的留学生能够有一个舒服的学习环境，赞助修缮了已经老化严重并打算关闭的"国际学生之家"，给来到日本留学的外国年轻人提供一个舒适温暖的家。

正如关心外国留学生一样，国际问题也一直是稻盛和夫所关注的，只要是有利于国家间友好发展的事情，稻盛和夫会首先站出来表示支持。例如在中日问题上，稻盛和夫从不避讳自己的观点，他本人十分尊重历史悠久的中国文化，曾出资赞助"日中长江文明学术联合考察团"，为研究长江流域文明创造便利条件。因为此事，稻盛和夫还亲自到杭州，前往良渚遗址群，当场就被中国5300年前的玉器制作技术震撼，感叹中华文明的博大精深。

整体看来，稻盛和夫的"散财有道"，首先是在正确的为人之道上对社会进行回报，也是根据自己的信念从最纯粹的愿景出发。如果有一颗相信一切终将会更加美好的心，那么这个社会就会如我们所期望的那样，变得越来越美好。

命运起伏因何在？

> 就连我这样的一个人，如果要让我来解释人生，我想说："否定命运的存在没有任何益处，不仅没有益处，反而是有害的。"尽管这个说法无法被科学证明。
>
> ——稻盛和夫

稻盛和夫为何会说"就连我这样的一个人"？他到底是怎样的一个人呢？

稻盛和夫是一名出色的企业家，他经营的京瓷以精密陶瓷为主。当年在报考大学时，本来想学医的稻盛和夫因为分数不达标，无奈，选择了老家鹿儿岛一所本地大学，进入工学系应用化学专业就读。好在一直以来稻盛和夫对物理、化学、数学等科目比较感兴趣，之后他还是很努力地度过了几年大学时光。

毕业后稻盛和夫就职于京都一家专业生产绝缘瓷瓶的企业，名叫松风工业，在公司制造部研究科从事新型陶瓷的研发工作。直到后来从松风工业离职和朋友创办京瓷，稻盛和夫一生都在和研发打交道。这样一个相信了一辈子科学的人，也相信命运的存在。

这种认知和稻盛和夫的人生经历有很大关联。比如，少年时期稻盛和夫的叔叔患上了当时被称为不治之症的肺结核，奇怪的是，天天在身边照顾叔叔的爸爸和哥哥没事，最后却是连叔叔身边都从没去过，整天担心会被传染的稻盛和夫感染上了肺结核。他担心会被叔叔传染的心相最终成了感染肺结核病的现实本身。

稻盛和夫这样的经历不得不让人思考，命运其实是可以改变的。去想美好的事情，生活就会向好的方向发展；反之，当你去想不好的事情，生活就会呈现出糟糕的样子。因此，想要改变命运，唯一的方法就是"思善"，进而"行善"。命运虽然起起伏伏，但别忘了那个"因"还在我们自己手里掌握着。

在这本书中，我们提到过很多次稻盛和夫的人生方程式：

人生·工作的结果=思维方式×热情×能力

它是稻盛哲学中重要的核心之一，方程式中的"思维方式"比较特殊，分为正反两方面，有正向的思维方式，还有负向的思维方式。

如果思维方式是正向的、积极的，那这个方程式的结果，也就是人生和工作的结局就会变得越来越好；如果思维方式是负向的、消极的，那结果自然变得不尽如人意。因此，想要让命运朝着好的方向发展，就要往好的一面去想。

命运也是如此。每个人从一出生就有着不同的命运安排，为何有的人可以平安快乐度过一生，而有的人却一生坎坷灾难不断？我们试着从三个方面来分析一下。

首先，就是刚刚提到的"思维方式"，只有思维方式健全、乐观、积极，人生才会变得美好。

从出生到参加工作前，稻盛和夫的人生可以说一点都不美好，处处充满不如意。例如，在老师不点名的时候他每天都在劳作，但老师点名的时候他偏偏缺席；二战时物资缺乏，在通过抽签获取物资时，稻盛和夫没有一次是抽中的；没能考上自己喜欢的大学，也没能选到自己喜欢的大学专业……以至于后来稻盛和夫都开始怀疑自己，认为自己就是个倒霉鬼，也逐渐心生抱怨，不明白为什么不好的事情总发生在他身上。

最后还是一件工作中的事情让他转变了观念。稻盛和夫大学毕业后到了一家濒临倒闭的企业工作，公司连工资都发不起，他想换个工作都不知道跳槽到哪里去才好，刚毕业的稻盛和夫再次感叹命运的不公。每天待在公司的稻盛和夫最后想到，日子怎么过都是一天，他为何不尝试着换一种心态来生活工作呢？这么想之后，他不再消极度日，而是全身心投入工作中。奇迹发生了，不久之后他不仅获得了研发上的突破，还因此给状况不好的公司带来了不少订单，以后的工作和生活就自然地进入良性循环，一切变得越来越好。

在现状无法改变的时候，他选择改变自己，并在想清楚之后立马行动起来。有人把这种决定了就去做的行为称为"立命"，稻盛先生很认同这种说法，并且认为人一旦真的开始"立命"，命运就会随之发生转变。

其次，一个人的命运之所以会起伏，是因为个人的命运之上还有另一个更大的命运。个人有命运一说，国家也同样有自己的命运，就连地球都有自己的命运。而当这些更大的命运发生变化的时候，个人命运势必会受到影响。

最后，这一因素可以说是没有科学依据的，但同样被稻盛和夫所认可，也是不少人相信的，那就是"因果报应"。

稻盛和夫认为因果的力量足以改变命运。他十分相信"善有善报，恶有恶报"一说，而且对它的理解十分简单直接，就是一个人做好事会有好的结果，做坏事就会有不好的结果。这一点和刚刚提到的思维方式有些类似，总结一下就是一个人思善行善，他的人生结果就会呈现好的一面。

但是因果法则有一点让人很不理解，既然说是行好事得好报，那如何解释生活中有那么一些人在做了好事之后却落得个不堪的下场，而坏人的日子反而看似过得风生水起呢？

在接触稻盛和夫思想之前，这也是一个困扰我的问题，但在读到稻盛先生给出的答案后，心里顿时感觉平和了许多，困扰多年的心结也终于被解开。

稻盛和夫是这样解释的，他认为因果报应之所以没有按照既定的走向去发展，即所谓的好人没有得到好报，坏人也没有受到惩罚，是因为这其中还存在一个影响因素，就是时间。

因果也需要时间来呈现。如果因果没有显现出来，那一定是时间还没到。有时候太急于看到结果，从而在情急之下做了错误的判断，把视野拉长到几十年后再去看的话，稻盛先生坚信的因果报应几乎丝毫不差。

稻盛先生甚至说他的人生主要就是由命运和因果两个法则构成，其他的因素对他来说并不是那么重要。了解稻盛先生的一生后，很容易明白他为什么这样说。

"命运"曾使他度过一段相对痛苦的岁月，但稻盛先生用正向的思维方式和实际行动使命运发生了根本变化，让人生慢慢地朝着美好的方向走去。这样的艰难岁月，让他得到多方面历练的机会，更为稻盛和夫以后的人生打下坚实的基础。尤其是京瓷能有今天的成就，和它的创始人稻盛和夫早年间经历的苦难有着很大的关系。

同时，因果法则背后隐藏的善正是稻盛先生一生的智慧所在。在企业经营中，他将员工的幸福视为自己的责任，一生践行利他思想，为他人、为社会做出自己最大的贡献。这或许也是稻盛和夫的事业能够不断取得成功，创造出一个又一个商业奇迹的根本原因吧。

从稻盛和夫的人生经历可以看出，起起伏伏的命运看似无常，实际还是掌握在我们手里，只要不忘思善行善，命运之花定将绚丽开放。

遇事要来点勇气?

> 临事有勇也很重要,决不能有卑怯的举止,这看上去似乎无关紧要,但在企业经营中其实非常重要。
>
> ——稻盛和夫

在稻盛和夫的记忆中,上学时有一位老师他印象非常深刻,原因是这位老师十分痛恨有卑劣懦弱行为的同学。后来在稻盛和夫的企业经营中,他时常会想起这位儿时的老师。奇怪的是,这个时候的他已经和老师有着近乎一样的观点。

稻盛和夫是一个充满自信,做事光明磊落又勇气十足的人,这从他小时候发生的一些小事上可以看出。小时候的稻盛特别调皮,经常打架,是一个不怕事的主。后来成为领导者开始独立经营企业,他更要求自己要做一个有胆有识的人。稻盛和夫认为一个骨子里怯懦的领导者,即使伪装得再好,他的下属还是可以感受到这份胆怯,而领导者一旦被下属嗅到胆小的气息,就很难继续获得下属的尊重。

自古人们就青睐有胆识的勇士。之前在老家内蒙古电视台做记者的时候，同时负责搏击节目《昆仑决》的二次剪辑工作。我是一名民生记者，对这类搏击赛事根本不熟悉，体育更不在我个人兴趣爱好之内。但在负责剪辑工作的时候，我对这档节目却越来越喜欢，看着看着就忘记了要在哪一帧剪下去，经常不得不倒回去再播放一遍。

看着擂台上的选手拼尽全力和对手做智力和体力上的抗衡，即使是屏幕前的我都能感受到现场那份紧张和刺激。从出击、防守到击倒对方，通过这一完整流程可以清晰地看出台上两位选手的作战智慧、意志力以及抗击打能力。我发现在能力相差不大的前提下，尤其是比赛接近结束的时候，往往是那个意志坚定、有勇气，能不断做出出击动作的选手获得胜利。

稻盛和夫工作之余也很喜欢看格斗赛事，他认为这些参赛选手都具备一定的勇气，还有一种燃烧的斗志，而这些特质恰恰是稻盛先生认为作为企业领导者必须具备的。

稻盛和夫曾鼓励他的员工学空手道，他认为一个人可以通过强壮身体来逐渐增加自信，不仅如此，强身健体还可以让精神变得强大，意志也坚韧起来。如果是个体格瘦小，内心却非常强大的人，就可以忽略掉这一方法。

一个人具备"肉体上的勇气"是不是就所向披靡了呢？当然不是。"肉体上的勇气"虽然也是一种勇气，但在企业经营中远远不够，只能算是比较基本的勇气，它仅仅是让一个原本不自信的人强大起来的因素之一。而要具备稻盛先生所讲的领导者的勇气，就需要再融入智慧，有胆有识才是关键，稻盛先生把他所讲的这种勇气称为"胆力"。

要想获得"胆力"不是那么容易的事，需要注意很多细节，重要的是不能有怯懦之心。如果一个人一会担心自己被人嘲笑，一会又害怕自己的利益受到损害，考虑问题总是从自我出发，以自己的利益得失作为衡量标准，那这种人就不是有勇气的人，更不是拥有胆力之人。在遇到事情的时候，不管别人怎么制造障碍都不会退缩，勇敢向前去解决问题的人才是有勇气、有胆力的人。

为什么稻盛和夫认为一个企业的领导者一定要拥有勇气呢？勇气为何这么重要？

那是因为没有勇气的人会很容易在困难和挫折面前退缩，一点难题就可以让他们妥协，甚至做出错误的判断，导致个人、集体和企业利益受损。稻盛先生如果遇到这种人，他会情绪激动，甚至会大怒，因为商场如战场，他不想自己的队伍里有潜在的逃兵。如果是轻微的退缩，稻盛先生还会通过斥责来让对方醒悟，如果情节严重，他会把他们再次逼入战场，再度经受实战的磨炼。

人要学会"逼迫"自己，从实战中提升勇气。有些企业家确实非常勇敢，对企业的事情也很用心，但在遇到事情时因为急于解决，会盲目下判断，强行推进工作进度，导致事情反而朝着相反的方向发展。这在稻盛和夫看来并不是真正的勇气，只能算是一种蛮勇。

那怎样才算有勇气的人呢？在遇到事情的时候，内心能够保持坚定，在下决断的时候更是小心翼翼，全面考虑大局和细节，这种人有时看似缺乏一点勇猛气概，但只要多加历练，具备一定的经验之后，就能成为真正有勇气的人。

稻盛和夫在松风工业工作时，为了给亏损的公司减轻压力，他试图说服大家不要无故加班赚取那点加班费，因为这样对公司不利。没想到他的建议直接引来同事的不满，还遭到工会的公开批斗，但即便这样，稻盛先生还是没有做出让步，依然用实际行动来表明自己的立场。

一位公司前辈劝说稻盛和夫遇到这种事时要学会妥协，不要老说些大家不爱听的话，甚至认为稻盛和夫是因为来自农村，没见过大场面，才这样不懂人情世故。

但内心一向正直的稻盛和夫根本听不进这些话，因为他知道自己并没有错，为什么要妥协呢？何况他不是一个容易妥协的人。稻盛先生真正要做的是"垂直攀登"，是要做一个无论遇到任何困难都能克服，不忘向前赶路的人，而不是中途放弃或绕路寻找捷径，这不是企业家稻盛和夫的性格，也不是他要干一番大事业的初衷。

读了稻盛和夫大量著作之后有一种感觉，稻盛先生追求的是一种极致的思想，这也是他的"活法"为何人人看得懂，却没几个人能做到的根本原因之一。

现在流行一句话：努力过就不后悔。人们常用这句话来安慰经历了失败的朋友或者是自己，但如果把这句话放在稻盛和夫的"活法"里去理解，就只是单纯的自我安慰。因为稻盛和夫要的不是努力，而是不亚于任何人的努力；他要的也不是一般的勇气，而是火一般的气魄和胆力，用真正的勇气切断所有可以退缩的后路，向上垂直攀登。

光这些标准恐怕就要排除掉不少人，没有几个人创办事业的决心能如此纯粹。可是能将一件事做到极致的人，在生活中恐怕未必是一个讨人喜欢的人。他们要为了大局、为了终极目标去奋斗，根本不会在中途停歇，也不会因为小灾小难、小恩小惠就转变自己的想法，在这个过程中就很容易引起一些人的不满。

即便面前是火海，以稻盛和夫的性格，他也是要跳下去的，我们熟知的KDDI的前身——DDI（第二电电）正是在稻盛和夫这样的勇气之下创办成功的。当时业内所有人都反对这样一个外行人参与电信行业，何况这个人还是抱着要让国民享受到最优惠通信费用的目标来的，这不是既拢民心，又抢生意吗？

结果如何？稻盛和夫还是凭借以"致良知"为根本的勇气，大胆进军电信业。就这样，有胆又有识的稻盛和夫像一个勇士一样，开创了自己的第二家世界500强企业，续写了属于自己的经营神话。

幸福人生有无答案？

> 我迄今为止的人生，就是一个被工作追逼，又不断追逼工作的人生。但是，当回顾自己的人生时，我却深切地感觉到"我才是这个世界上最幸福的人！"
>
> ——稻盛和夫

打算写这篇以"幸福"为主题的文章时，不知道为什么突然想起一则多年前的故事，是一名记者和一个放牛娃之间的对话。

记者问放牛娃："放牛是为了什么？"

"赚钱。"放牛娃如此答道。

"赚钱为了什么？"

"娶老婆。"

"娶了老婆呢？"

"生娃。"

"生了娃呢？"

"放牛。"

就这么短短几句对话组成的故事，在十几年前却引起不小的轰动，放牛娃把下一代最后的命运归结为还是放牛时，大家不禁感到好笑。相信当时的我也是差不多的感受吧，但今天的我对"做什么"或者"做什么会幸福"有不止一种理解。就放牛娃来说，他如果觉得放牛是自己该做的事，也是一件开心的事，那为何不可以说他是幸福的呢？

那天就"幸福是什么？"这个问题问了身边的几位朋友，答案各异。有人觉得"幸福是有一个温暖又有爱的家"；有人觉得"幸福是和喜欢的人在一起"；也有人觉得"幸福是做着自己喜欢的事业"，等等。我发现大家嘴里的幸福都很具象，是在人生实现或获得了某些愿望之后的内心感受。

也有一些朋友觉得自己不幸福，不幸福的原因也各不相同，大概是"理想还没实现""感情上受到过挫折无法走出来""原生家庭不幸福""事业不顺"等。

关于"幸福"的答案五花八门，但我发现没有一种答案和企业家稻盛和夫的观点相同。

将资产只看作数字的稻盛和夫其实从小生活在一个并不富裕的家庭里，在他的成长过程中，还经历过二战，患过当时被认为不治之症的肺结核，数次落榜，大学毕业还进了一家发不起工资的企业……

如果按大多数人的认知，在"得"之后才会感到幸福，那么基于稻盛和夫的这些经历，青年时期的他绝对算不上是一个幸福的人，无论从物质还是精神上来看，好像都没有实际的收获，反而遭受了不少创伤。那时连他自己都觉得老天对他不公平，好像专门把不好的事都安排在他身上似的。

那怎么会有今天我们看到的又是成功企业家，又是哲学家、慈善家的稻盛和夫呢？后来他也坦言，自己是这个世界上最幸福的人。曾遭受过生活如此折磨的稻盛和夫，又为何这么说呢？

当下正在发生的事情，尤其是不好的事情往往不容易令人接受，但在经过时间的沉淀之后，对很多事情会产生新的认知，也就能让往事随风而去了。

连稻盛和夫也曾经抱怨过命运的不公，当然这也是他处于困境下的感受。当这一切都过去，再回想时，稻盛先生发出了截然不同的感慨："这是多么幸福的人生啊！"

那稻盛和夫后来的人生中又是怎么拥有幸福的呢？这要从他一生中花费时间和精力最多的事业说起了。稻盛先生认为自己最大的快乐来自于他的事业。虽然也有过血泪史般的创业经历，但他依然觉得最大的幸福是工作带给他的。

我的观点是，如今太多人把稻盛和夫神化了。他们不明白稻盛和夫是如何仅靠一个哲学就可以经营出两家世界500强企业，还可以拯救濒临破产的日本航空，让其重新上市。很多人大概忽略了一点，就是稻盛和夫获得成功之前的经历。如果去了解他的那段人生，会发现其实和大多数人没什么不同，相信不少人也经历过落榜、患病、失业这些所谓的人生不幸吧。如果有，大可不必神化稻盛和夫！

不止稻盛和夫，如果仔细梳理其他成功人士的人生经历，也同样会觉得他们的过往没有那么神奇。他们有一个共同点，那就是遇到困难的时候都没有选择放弃，而是凭借自己的耐力和勇气一步步走到成功的那一天，他们的信念要强于那些没有取得成功的人。

这恰恰是稻盛和夫认同的一个观点。他觉得人生中遇到苦难并不可怕，苦难的发生是再平常不过的事了，一定要以平常心来看待生活中发生的一切。只是有一点非常重要，不管发生了什么，都要在自己的内心怀有强烈的、正向的信念，以及一定要渡过难关的信念。同时，还要把作为一个人应该做的正确的事情用正确的方式做到底，这样就可以获得幸福。

是不是觉得稻盛和夫所讲的"幸福"有点抽象？它不是具体的某样东西，因为稻盛和夫是从内心出发去感受幸福的。如果用"稻盛哲学"中的内容来解释的话，稻盛和夫所说的"幸福"其实就是他所指的"思维方式"。

"思维方式"的不同不仅会影响一个人的工作成果，还会直接影响一个人的人生结果。好的、正向的思维方式会创造出美好的人生；不好的、负面的思维方式招引来的却是糟糕的人生。

或许到这里就会明白，为什么不同的人对幸福的定义会有所不同了。消极的人认为的幸福总是充满着负向能量，甚至认为幸福根本就无法获得，也不存在。但对于积极乐观的人来说，或许清晨醒来一睁眼的那束阳光就可以被定义为幸福。

当然，有人是因为经历过苦难，才对生活抱有消极看法，也许一开始对幸福的定义也并非这般消沉，所以稻盛先生认为要感知到幸福，也是需要刻意练习的。

具体怎么练习呢？举例来说，工作和生活中遇到不如意的时候，如果第一反应是生气、着急，或者更加严重的负面情绪和思想，如自负、嫉妒、贪心，那就要用主观意志马上让这种负面思维停止，然后用一种正向的思维方式来代替，如谦虚、祝福、满足等。

当我们深陷负面的思维方式时，要主动引导自己从错误的思维方式转向正确的思维方式，再用正确的思维方式去做接下来的判断，这样事情才会发生转机，得到好的进展或结果。切忌让负面的思维方式肆意蔓延，这样只会让事情越来越糟，甚至发展到不可收拾的地步。

如果每次遇到事情的时候都能用这样的方法来指导自己，远离负向思考模式，久而久之，就会形成思维上的良性循环，不仅问题容易得到合理解决，人生也会因此越过越美好。

关于幸福的答案可以有千千万，想要获得幸福其实也不是一件多么困难的事情。只要是以一种强烈的、正向的、积极乐观的信念在人生路上行走，幸福就不会离我们太远。写到这里，脑子里突然出现一个想法，如果放牛真是那个孩子的人生信念的话，又为何要嘲笑他过这种放牛生活呢？

幸福的模样不止一种，重要的是身在其中的人能够感觉到幸福和快乐，所以只要认真、乐观地去生活，幸福就从来没有标准答案。

人生这出戏怎么演为好？

> 人生是一出戏，我们每个人都是戏里的主角。不仅如此，而且这戏剧的导演、编剧、主演都可由自己单肩独挑。其实这出戏也只能自编自演，这就是我们的人生。
> ——稻盛和夫

小时候听过的一首流行歌曲现在偶尔还会哼唱两句，是女歌手李丽芬的一首歌，有不少人翻唱，但我还是喜欢原唱传递出来的味道。记得开头是这样写的："人生本来就是一出戏，恩恩怨怨又何必太在意，名和利啊，什么东西，生不带来，死不带去……"

旋律优美大气，歌词直白又耐人寻味，随着年龄增长，才明白人生原来真的像歌曲中唱的那样，如同一场戏。但是小时候的自己根本不理解其中的含义，当时认为"人生如戏"大概就是人生不重要的意思，现在想来越发觉得好笑。自己竟然对人生也曾有过那么浅薄的认知，根本不知道原来严肃、庄重才是我们对人生该有的态度。

每个人的人生都是一出戏，我们在各自的剧中都是主角。不仅如此，为了能够演好这出戏，达到自己想要的演出效果，我们还需要提升演技，不断为此付出时间和精力，始终保持忙碌并快乐的状态。

但并不是所有人都愿意花心思去导演自己这出戏。有人会因为妄自菲薄，或是觉得麻烦，而用一种敷衍、懒惰的态度去应付，只去完成任务而并不真正关心戏剧质量。如果让这样的人来导演一出戏，相信很难收获好的反响，对导演个人来说也未免是在浪费大好机会，着实可惜。

但有些人却恰恰相反，他们不仅要让这出戏达到满意的演出效果，还要从演员、灯光、布景、道具等各方面整体提升这出戏的质量，尽最大努力让剧目有全新、深层次的呈现。同时还要在内容上下功夫，不仅内容形式要丰富，剧情寓意还要让观众有所领会，想必以这样的认真态度最后大概率会导演出一部让人称赞的剧目。

生活如此，那事业呢？可不可以把经营事业也比作是一出戏呢？如果可以，谁又能导演好这出戏？不得不说，日本企业家稻盛和夫这出戏就演出得非常成功。首先，稻盛和夫有着大慈大爱般的企业经营信念，为了经营好自己的企业，他会向前辈学习，学习他们的为人之道，把"作为人，应该做的正确的事情"这个最基本的地基先打坚实了,然后才开始"创作"。

但是从他的创作历程来看,总觉得稻盛和夫的企业经营和人生历练中缺少一点艺术性。其实这也不足为奇,对从小就经历生活坎坷的稻盛和夫来说,人生没有华丽的开幕式,他只能靠自己一路打拼去获得成长。因此我觉得稻盛和夫的人生更像是一部纪实作品,他用写实的手法将自己的一生记录下来。另一方面,稻盛和夫导演的剧目创造性十足,因为在整个人生过程中,稻盛和夫通过自身的体验和观察,总结、提炼出新的哲学知识,也就是我们所熟知的"稻盛哲学"。他把"稻盛哲学"运用到实践中进行验证,最后终于证明了它的有效性。

从27岁创业到人生最后的90岁,稻盛和夫用半个多世纪来书写自己人生的辉煌,就像酝酿着一部纪录片。稻盛和夫创造出的商业奇迹,正是影片中不同篇章的主要内容,如"被逼迫的创业——京瓷那些事""国民大福利——第二电电""一个门外汉的拯救之路——日航重生",大家熟知的盛和塾也可以这样划为"做企业家的导师——盛和塾的盛行",等等。

稻盛和夫的每一段经历拿出来都称得上是一个独立完整又振奋人心的故事,完全可以用很长的篇幅来讲述和呈现。他本人也是一个完美的男主角,身上不仅有着很强的故事性,年轻时与生活抗争的经历还让他具备了能感染其他人的正能量。稻盛和夫总结的"稻盛哲学"又给角色本身增添了不少魅力和智慧,这在一定程度上支撑着他稳坐男一号的宝座不可动摇。

接下来进入角色人物的剖析。如果说稻盛和夫的人生是成功的，可以被当作成功案例来学习，那首先要弄清楚的就是，促使他取得成功最重要的因素是什么？

对稻盛和夫来说，这个问题并不神秘。无论是企业经营，还是人生体悟，他一向都很乐意和所有人分享自己从中获得的那些智慧。稻盛和夫认为一个人想要获得成功，首先要有"无论如何都要成功"的强烈意愿，因为只有在这种强烈愿望的无声引导下，一个人才会向心中想要到达的方向做出努力。

此外就是要有火一般的热情。不管在什么场合、干什么事情，或是什么时间，都要用十足的热情去做每一件事，并且不能放弃，要持之以恒，每一天都用极度认真的态度去对待生活中的大事或小事。只有这样，在经历过时间的考验之后，人生价值才会在这个过程中被不知不觉创造出来，人生这出好戏也才会越演越精彩。

如果要把剧本中的美好都变为现实，稻盛和夫认为最重要的就是不能缺少极度认真的态度。这是稻盛和夫一生经验所得的智慧，他觉得即使是一个天赋聪慧，又有着正确思维方式的人，如果对待事情缺少热情和认真的态度，那他的人生依然不会精彩到哪里去。

这个观点不禁让我想到，上学时班里总有那种好像不用学习就什么都会的同学，他们天赋异禀、聪明伶俐，对课本内容只是看一看就可以做到瞬间记忆，对于老师上课讲的知识更是稍作点拨就可以完全掌握。而且他们也很会和周围的同学聊天、开玩笑，和所有同学都保持着融洽关系，用现在的话说就是社交达人般的存在，很是让人羡慕。

奇怪的是，时隔多年之后，这类同学的处境并没有当初在学校时那么风光，唯一不变的是他们的性格依旧开朗，交往起来也还是让人感觉很舒服，只是上学时期的个人风光不再。以前我不明白这其中的原因，读过稻盛和夫哲学之后，我似乎有点明白他们为什么会有这么大的变化了。

聪明可以说是上天赋予一部分人的一种先天能力，它让一个人在不用付出过多努力的情况下就可以快速收获。但是，并不是只有聪明的人才会成功，相反，聪明的人要获得成功需要付出的努力不比愚笨的人少。

过于聪明的人或多或少会有些傲气，但骄傲并不是一种正向的思维方式，要想成功，必须要纠正这种骄傲的心理。因此对于聪明的人来说，他们首先要做的就是克服自己心里的那份傲气。就这一点估计就让很多聪明人受不了了，先天的优势要在后天加以克制，和自己的内心去斗争，想想也知道这并不是一件容易的事，有些人怎么都做不到这一点，最后只能任由傲慢之心蔓延。

聪明本是好事，怕的是自作聪明，这会让一个人丢掉作为人本该有的美好特质，像谦虚、谨慎、踏实等。我想这也是那些上学时期聪明无比的学生成年后并没有延续校园风光的原因吧。或许他们从小就认为自己聪明，聪明到不用努力就可以得到好的成绩，认为上学时的风光就是将来人生的模样。但事情真的永远都会是这样吗？殊不知，无常才是人生，不努力人生就会发生倒退，这才是生活真相。

任何事情到了一定程度都会回归到它的本质，我们要清楚人的本质并不是不劳而获，而是辛苦劳动、踏实付出，这才是正确的为人之道。如果违背这一原则，一个人也许会因为聪明取得暂时的成功，但长远看去，也只不过是昙花一现罢了。

反而那些虽然先天条件不是那么优越，甚至看起来有些"笨"的人，会在人生不同阶段通过不懈努力去克服当下困境，在生活的历练中越挫越勇，人生反而会有不一样的精彩。

人生这出戏啊，还真和稻盛和夫讲的差不多，还是要靠自己去自编自演才是，根本没有捷径可走。付出努力，认真体验生活中的酸甜苦辣，这样才称得上是丰富多彩的人生。

传奇人生还在继续?

> 少年不得志,中年意难平。到底是创业成就了当年那个27岁的小伙,还是小伙缔造了后来商业帝国的神话?稻盛和夫的一生,注定有太多故事与传奇。
>
> ——作者枣儿

磕磕绊绊少年郎

1932年1月21日,日本。

在鹿儿岛市中部的城山脚下,一个男婴降临在一户普通到有些贫困的家庭,父亲做印刷工作,母亲是一名家庭主妇,没日没夜地操持家务。

男孩爱哭,一哭三个小时是常有的事儿。长大一点后学聪明了,由于一直哭也没人管他,哭累的时候,就自己找个桌子钻到下面,边休息边观察桌子的木纹,小脑袋左一歪感觉那些曲线像山,右一看又感觉像海。就这么琢磨一会儿,这哭劲儿就算是过去了。

爱哭鬼变得越来越顽皮，慢慢觉着在家里自己闹没意思，干脆出去找个对手过招。昭和初期，由于战争原因，日本的孩子崇拜的也是军人，是武士精神，在一起玩的都是些打仗游戏，千锤百炼之下，爱哭鬼逐渐变成了孩子王。

这下可好，经常鼻青脸肿就被人给打回来了，母亲见状不去安慰，反而取来一把扫帚随手扔出去，大声吼道："报了仇再回来！"转身就忙她的家务活去了。

调皮的孩子上学真是个头疼事！父亲、母亲、哥哥，还有住在一起的叔叔轮番上阵送"孩子王"去学校，抱不去就用自行车拉着去。

一年后，令人意想不到的是，如此厌学的捣蛋鬼竟然成了优等生。

"我们家和夫全都是甲，这么棒的孩子，亲戚中从来没有过！"母亲逢人就说。

可稻盛和夫学业上的风光往事也就到此为止了，之后的学业生涯大多是榜上无名。

稻盛和夫上中学时，日本正处于枪林弹雨的国际形势之下，几乎整个国家都受到了美军的空袭，导致日本伤痕累累。不少日本人被炸死，孩子们更是无法正常上学，逃生成了任何人都要学习的技能。

战火给日本民众的生活造成了痛苦，稻盛的父亲不得已到黑市卖掉辛辛苦苦自制出来的一点盐，母亲卖掉了她战前攒钱买的和服，用这些钱换些大米和红薯回来供一家人勉强度日。

稻盛家的房屋也在1945年8月的一天毁于战火。父亲决定让稻盛和夫辍学，尽早出来打工，帮助家里缓解贫困。

"高中毕业后一定就业！"最终，一向有些厌学的稻盛和夫竟然主动以这样一个承诺说服了父亲，换来继续读书的机会。

升入高中的稻盛和夫不仅开始用功学习，还在放学后帮助父亲卖纸袋，销量一度领先于周边的其他同行，"纸袋小哥"的名号不胫而走。

1951年，高考失利，稻盛和夫无缘大阪大学的医学系。家里没有供他复读的经济条件，他打算退而求其次去本地鹿儿岛大学，修读工学系应用化学专业。

可当年承诺父亲"高中毕业后一定就业"的诺言怎么办？

"稻盛君有别的孩子没有的某种潜质。"辛岛老师求情道。

有了老师亲自出面求情，父亲做出让稻盛和夫继续读书的让步。

心念是魔也是佛

1954年，朝鲜战争给日本带来的特需热潮逐渐消褪，日本国内就业形势变得严峻起来。

在竹下教授的介绍下，稻盛去了京都一家制造绝缘瓷瓶的公司：松风工业，负责研究新型陶瓷。

可惜，几个月下来，一同进去的5个新人只剩下稻盛和夫一人，其他人早已因为公司状况不好纷纷离职。虽然他也尝试过跳槽，但跳槽无门。

稻盛感觉自己的处境困难重重，但从不认输的他也意识到转机其实就在此刻，他打算背水一战。

稻盛干脆搬进实验室，一天到晚全部时间都专注于产品的研发工作。结果真是出人意料！他的研究取得了突破性成果，受到老板的表扬，还升了职。稻盛感觉一切都进入一种良性循环。

可不久，之前的领导被调离，公司换了一位银行出身的社长，继任的技术部长也是外来人员，对稻盛的阻挠和质疑声便随之而来。好强的稻盛从不怕吃工作上的苦，但他决不受不懂行的人的气。

1958年12月，稻盛和夫从松风工业愤然辞职。

锲而不舍伟业成

辞职第二天，稻盛和夫和一直在工作中照顾他，经常给他做美食吃的同事须永朝子结了婚。

没想到的是，这次辞职引来特瓷科部下们的支持："既然这样，不如自己创业吧。"这是些豪气的兄弟，有人直接跟着稻盛辞了职，有人为了筹集创业资金向银行贷款时，竟然拿出自己的住宅做抵押担保。大家一致的观点是：这是投资稻盛和夫这个人，目的是让他的卓越技术成果可以问世。

此时的稻盛和夫只有27岁。

创业公司取名"京都陶瓷",和他一起辞职创业的也是些20多岁的年轻人,为了支持稻盛和夫把这项新型技术做下去,大家歃血为盟,宣誓要将公司做到"日本第一,世界第一"。

创业之初,稻盛还会冲到销售第一线,白天去找日本大大小小的制造商和研究所谈生意,包括东芝、三菱电机、索尼、日本电信电话公社等,晚上回到自己的小公司继续做研发。但是刚成立的公司并没什么名气,很难拿到订单,只能做其他公司做不了或不愿做的生意。于是,稻盛和夫决定寻找出路。

1962年夏天,稻盛一人带着全公司给的经费前往美国。这也是他第一次出国,他要先在市场开放的美国打响自己产品的第一枪,之后国内的市场势必不开自通、事半功倍。

第一次美国之行,由于语言不通,不懂门道,也没有收获多少看得见的成效,却让稻盛坚定了他的企业一定要开通国际业务的信念。

回国沉淀两年后,稻盛正式开始拓展海外业务,美国、中国、英国、法国,京瓷的技术逐渐扩展到各国,得到世界各地厂家的认可,之后更是接到了不少来自不同国家和地区的采购订单。

1969年,京都陶瓷迎来创业10周年。

1971年10月,公司在大阪证券交易所第2市场部及京都证券交易所上市。

接下来的几十年里,京瓷不断拓展业务范围,宝石、医疗、电子设备、太阳能、电信、学术、艺术等领域都可以看到京瓷的身影,稻盛和夫将京瓷的目标定为:世界性的综合电子零部件制造商。

1984年6月,由稻盛和夫领导的京瓷主导,DDI(第二电电)成立。2000年10月,DDI、KDD、IDO合并,日本国内排名第二、世界排名前十的综合电子通信公司KDDI诞生,领导者依然是稻盛和夫。

至此,稻盛和夫已经一手创办两家世界500强企业!稻盛和夫的全球化战略伟业走向巅峰。

思善亦行善

一路做技术研发走来的稻盛和夫深知科研人员的艰辛,1985年,他组织设立了被称作日本诺贝尔奖的"京都奖",用以激励默默无闻做科研的技术人员。

这时的稻盛和夫早已有了一套自己的经营理念和人生哲学,向他求道学习的人也越来越多,直到由企业家群体组成的盛和塾应运而生。

截至2019年年底,除日本外,巴西、美国、韩国、中国相继成立了盛和塾分塾,塾生总数超过15000名。盛和塾像一个道场,吸引志同道合的企业家聚在一起共商事业,学习经营哲学,力求提高领导者的心性。但也是在2019年年底,稻盛和夫正式宣布结束盛和塾在各国的所有活动，仅保留中国的盛和塾。

2010年，稻盛和夫应邀出山，零薪酬出任日本航空会长，用一年时间让破产重建的日航扭亏为盈，创造了又一经营神话。

这一年，稻盛和夫78岁。

"只有中国人才能继承我的哲学"

早在1997年，65岁的稻盛先生在京都八幡圆福寺剃度出家，法号"大和"，同时被诊断出胃癌。在经过手术治疗后，稻盛和夫将大部分时间用在了"起则半席，卧则一席"的修行生活上，目的就是要重新领悟人生的哲学奥秘。

稻盛和夫曾表示："只有中国人才能继承我的哲学。"他的企业经营理念也是从中国两三千年前的圣人思想中得到启发，进而结出的智慧硕果。

《周易》中的"积善之家，必有余庆；积不善之家，必有余殃"，《尚书》中的"满招损，谦受益"等中国传统文化精髓，都对他"敬天爱人"的哲学思想起到极大的启发作用。

在接受媒体访问时，这位被称为具有东方管理哲学的老人家多次公开强调："我不是圣人，只是个普通人，我只是从中国圣人那里学到了他们的思想，然后去实践而已。"

在这里，我通过"人生篇"中的最后一篇文章来对稻盛先生的个人成长事迹以及京瓷哲学作最简单的梳理，旨在让看到此书的朋友在读到这里的时候，依然有机会对稻盛先生有更加全面的了解。稻盛先生一生将人生智慧和经营哲学填充在他商业帝国的躯壳里，不断创造出商业时代的个人传奇。即使90载的人生已经定格，但他的商业哲学智慧还在被传承和诉说。

稻盛和夫的神话，还在继续。

事业篇

工作怎么成了人生最好的修行？

> 工作本身就是最好的修行，每天认真工作就能塑造高尚的人格，就能获得幸福的人生。
>
> ——稻盛和夫

算上2012年在央视网实习的日子，我参加工作的时间竟然也有11个年头了。回想这些工作的岁月，发现一个现象，无论是刚实习那会儿，还是后来辗转于各个媒体平台，身边的前辈也好，同龄人同事也好，有不少人对自己当下所从事的工作并不是很满意，以至于我会经常听到这样的话：

"我明明是想当记者的，可一直考不过上岗证，每年就差那么三五分，哎，没办法，只能先做个编辑，等有时间了再准备下一年的考试吧。"

"还不如在办公室当个编辑，起码不用风吹日晒，做记者天天在外面跑，好累啊。"

"我其实是想当主持人的，可惜咱没那身材脸蛋，也不敢在众人面前说话,还是做我的文员吧。"

"好羡慕你啊,记得你上学时就想当记者,现在真的实现了当初的愿望,好厉害。而我,却做着自己不喜欢的工作。"

我问:"那你为什么不换一份自己想做的工作呢?"

"说得容易,这份工作还是家人托关系给找的,这才刚进来工作没几天。"

听到这些无可反驳的理由时,我知道这是不少人为自己的懒惰或无能找的"借口"。尤其是一些人面对一份刚做了没几天的工作就已经很清楚不喜欢了,那以后的几个月,几年,甚至是几十年时间又该如何继续工作下去呢?难道要靠"扛",靠"撑"吗?那也未免太痛苦了吧。何况工作的意义对他们来说又是什么?还有工作的意义存在吗?

当然,我明白有人是奔着某份工作的"铁饭碗"标签去的,但我不理解的是,如果一份工作能从25岁一直干到退休,并且待遇会逐年增加,还可以领到丰厚的退休金,那么,你就会开开心心、全身心投入工作中吗?

恐怕未必。

也许稳定的薪资待遇和体面的工作环境让人暂时感到安心,但我的问题是:这份工作能让你全身心投入吗?能保证认真工作直到退休吗?我的意思并不是一辈子干一份工作不好,而是想说,你打算要干一辈子的工作是你内心真正喜欢的吗?

人们常说"兴趣是最好的老师",我对这句话深信不疑,日本企业家稻盛和夫也对此有自己的观点。稻盛先生一直倡导要在工作中修行，但有一个前提，就是要热爱自己的工作，还要全身心投入其中。为什么要这样要求呢？那是因为稻盛和夫认为这样做才会磨炼一个人的灵魂，从而提升心志。

试问，一个人在一份自己不喜欢的工作中如何能领悟到这样的思想。体会不到，那工作的意义就无法显现出来，人生意义是不是也跟着欠缺了一些呢？

回到文章的最初，再看看那位"骑驴找马"的同事，我相信她的记者资格证考试在之后的日子里很大概率还是无法通过的，当下所从事的编辑工作也不太可能干出出色的成绩。理由很简单，在工作中一心二用的人，往往两头都很难获利。

那第二位有点"朝秦暮楚"的同事呢？虽然想要成为一名记者，但认为当记者整天需要外出采访会很累，于是羡慕在办公室做编辑的同事。这说明记者也不是他真心喜欢的工作。一个人对自己真心喜欢的人或事不会有如此不专一的态度。即使一份工作很累，因为喜欢也能快乐地去做，这才是真正喜欢这份工作的人该有的态度。

第三种人我称为"有贼心没贼胆"的人，在我看来这类人最不可能干到自己喜欢的工作。"骑驴找马"的人起码还在努力，还在尝试；"朝秦暮楚"的人起码还在脑中时而想到自己要干的事情，还真说不定哪天会做出实际行动为此搏一搏。但"有贼心没贼胆"的人呢？他们也许逢人就诉说自己工作的不好，但又从来不会做出真正的改变。这类人往往抱怨完了，周一还是会准时准点去到自己口中讨厌的地方上班，和周围的同事只说工作的好，也不会在工作环境中表现不满，永远一副爱岗敬业的样子。

那作为企业家的稻盛和夫又是怎么看待工作的呢？他有一个"工作如恋爱"的理论，简言之就是希望能像在谈恋爱一样热爱工作，永远保持那种激情、认真、主动、无法自拔的状态，这样一个人才会在工作中主动追求上进，甚至是追求完美的工作表现。试想，从事着一份不喜欢的工作，或是面对着一个自己并不中意的恋人时，我们全身心付出的状态又会有几分？

以上分析的是一个人到底有没有付出行动去追求自己真正喜欢的工作。所干即所爱应该是职场中最基本的要素，但实际生活中似乎并不是这样。一个人如果对自己所做的工作连喜欢都谈不上的话，那就更别提稻盛和夫所说的要在工作中修行这件事了。

下一个问题来了，假设一个人达到了前提条件，他很热爱自己的工作，所做的工作也是一直以来所向往的，那这个人接下来又该如何在工作中修行呢？

我们都清楚，工作首先带来的是金钱价值。付出一天的劳动，就会得到相应的报酬；请假不去，自然就会扣除一天的工资，也就失去了一天的报酬。这种对工作的理解，在稻盛和夫看来只是实现了工作最基本的金钱意义。他认为归根到底，劳动最根本的意义还在于磨炼灵魂，提升心志。

有没有发现自己或者身边的朋友，只要工作了就和之前判若两人，整个人在精神状态和对事情的见解上都有了巨大的变化。那是因为在工作中，通过亲力亲为的劳动，个人会获得与"心"相关的成长。

不同的工作环境有相应的职场规则，作为一名在该环境下工作的员工，自然首先要去遵循公司相应的规章制度。参加工作后我们就不只是一个个体，而首先是某某公司的一名员工。要去学习企业文化，并将其执行起来，时刻用来规范自己的职场行为。别小看了这些文字规章的作用，它在一定程度上克制了人类本身的欲望，告诉我们再不可任性妄为，不可我行我素，而是要成长为一个标准的职场人。

其次，职场如战场，它的残酷性想必是每个曾在其中或正在其中打拼的人都十分清楚的。公司的不公平待遇、同事间的尔虞我诈、老板的压榨式管理，甚至还有不断出现的性骚扰问题，这些无一不考验身在其中的每一个人。职场路漫漫，出现问题后要迅速想到应对的方式。在处理问题的过程中，心志逐渐被磨炼，个人才可获得成长。

讲到这里，就明白稻盛先生为什么说"工作是最好的修行"了。既然工作环境如此复杂，在其中修行难度可想而知。但也就是这样纷繁复杂的职场，构成了每个人一生都避不开的修行道场。想要全身心投入工作中，并用极度认真的心态度过每一天，那可真是要修行有度、有识、有胆才行啊！

职场要讲情吗？

> 如果有人想只靠感情来打动我，我不会接受。
>
> ——稻盛和夫

在各大一线城市做了10年的职场人之后，我决定退出常规职场圈，换一种职业模式来挑战自己，于是在2020年的时候，我来到了西藏，成为一名自由撰稿人。到现在，做撰稿工作已经第三个年头了，偶尔也会想起之前职场生活中的点点滴滴，想起那些让人难忘和令自己成长的职场往事。在读到稻盛和夫关于职场中要不要讲"情"的观点后，我决定写这篇文章，引用的核心事例正是发生在自己身上的故事。

2012年在央视网实习过后，我被父母"劝诱"离开他们口中所谓辛苦一辈子都没什么收获的大都市北京，回到老家内蒙古的电视台做了一名记者。三年后，为了自己当初的大城市媒体梦想，我还是义无反顾选择辞职南下。

我去到深圳的第一份工作是在岭南最大的高尔夫传媒平台做赛事主持人，同时兼做编辑，那也是我第一次体会到深圳这座城市的两大特色,就是"深圳的加班"和"深圳的节奏"。可我还忽略了一点,那就是"深圳的人情"。

一次赛事前夜,我在整理第二天参赛球员的名单时,发现遗漏了一位球员的名字,在和团队负责人核实之后,我随即告诉负责整理球员名单的另一位同事,要求她把这个球员名字加进名单里。但就是这样一件小事,在我这个同事这里就需多几个步骤才能完成。

首先她让我重新发条文字信息给她,并要求我在信息中详细说明此事,附上这个球员参赛时的所有个人信息。当时我手头还在准备第二天早晨的开球仪式主持稿,在通话的时候我便要求在电话里把这个事情当场解决,这样可以节约时间,当然我也不觉得这是个多么复杂的事情。

当时已是凌晨时分,但我这位同事还是坚持让我以文字方式和她详细对接这件事,我不得不重新把前因后果用文字发送给她。

因为这件事,之后我对这位同事的印象一直不怎么样,我很明白她让我这样做的目的是什么,她在避免未知责任。在之后的比赛里,如果我说的这个球员出现任何问题,比如这个球员不是用真实球员身份来参赛,影响了比赛,那事情都会和我有关,并有我发她的文字信息作证。

果不其然,在赛后公司成员一起开会的时候,这个同事在会上汇报自己的工作,顺道也提了我让她加一个球员名字的事情。

就像我当时在电话里告诉她的一样,我在会上重申,这件事我和团队负责人核实过,很透明,幸好团队负责人也在会上当面确认了这件事情的真实性。

其实根本不是事儿的一件事,让我这位同事处理得繁琐又死板,还缺乏人情味儿。就像她在电话里和我说的一样,"你还是发信息给我说明这个事儿吧,因为电话就我们两个人知道"。

是啊,如果有问题,文字信息可以作为证据拿出来说事。但我考虑的是,大家是一个团队,时间又紧迫,也不是什么大事儿,为何不能轻松友好地解决呢?这位同事当时甚至可以当即打电话给团队负责人核实,为何一定要搞得一板一眼,用文字来说明呢?作为一个从北方大草原走出来的人,当时实在不理解这种办事方式。

因为要到香港读研究生,我在这家公司工作了不到一年就辞职了,硕士毕业后,我开始在香港的《亚洲周刊》工作。有一天,我突然发现自己在工作中的办事风格越来越像我在高尔夫传媒平台的那位同事,我吓了一跳,随后又打心底里感谢她。

事情是这样的。

我成功应聘到《亚洲周刊》后,兴奋之情无以言表,感觉自己的媒体梦想又开始变得清晰了,每天工作劲头也很足。但有一个问题,只在香港学习了一年多的我粤语还停留在"会讲一点点"的水平。

当时发生了这么一件事情,我的上司是一位土生土长的香港人，她时常会用她以为我听不懂的粤语对我进行辱骂。不是批评，是辱骂，而且是很难听的脏话。只要她不开心了，要找下属出气的时候，作为部门里唯一一个内地员工的我自然而然就成了挨骂对象。

现在提起这个事情，我都不愿意详细诉说。每次回想的时候，内心都充满了痛苦，这件事可以说成了我职场生涯中的一次灰暗经历。直接说事情的结果吧，最后我带着事先准备好的录音证据去人力资源部要求彻底解决此事。

人力资源部的处理方式让我体会到香港处处讲法，也让我明白这样的上司只是个例。在人力资源部同事的帮助下，我顺利拿到了上司克扣我的工资，最重要的是在录音证据面前，我得到了这个嘴硬、无礼上司的当面赔礼道歉。

这时，我突然想起那位爱留证据的同事，莫名地在心里感谢她。当职场变得越来越复杂时，首先要学会的便是保护好自己。多年职场经历下来，让我意识到，保护好工作环境中的自己，不需要任何理由，只需要勇气。

这段在香港职场的经历，在事情的当下我无论如何都想不明白，不明白认真工作的自己怎么就平白无故地遭到这样的对待，感觉自己很冤枉。但今天回想起来早已心静如水，反而对香港这座我曾经学习和生活过的城市，一直怀有感恩之心和思念之情。

香港给我的美好要远远大过香港职场里的辛酸。我在香港最好的两位朋友是香港的本地阿姨，是我读研期间，这两位阿姨来旁听我们班的课，因此认识的，原来她们是老师的粉丝。两位阿姨为人谦和有礼，善良有德，平时没有课的时候，我们会约个下午茶，她俩会带我去香港最正宗的街边小巷体验浓厚港风文化，一路上还不忘热情地给我讲一讲她们小时候生活过的香港是什么样子。

此外，两位香港阿姨还教给我最地道的粤语，包括粤语中好的词和不好的词。能听懂那个香港上司骂我的话，不得不感谢这两位阿姨平时对我的辅导。只能说上天真的不会断了所有的路，做人有时只管善良就好了，再地道的坏也一定会败给纯真的善。这两位香港阿姨的出现足以弥补那个上司带给我的负面影响。直到今天，我离开香港已经四年，再想起那两位香港阿姨时，内心依然温暖如初，会马上发条问候信息给她们。

刚进职场时，谁不是带着热情和憧憬，慢慢的谁又不是变得冷漠和谨慎起来？我认为职场环境还是需要理性的人多参与，因为这样的人做事认真有条理，按规则办事，很少会掺杂个人感情。我欣赏这样带点儿"冷峻"的职场人。

但同时职场也需要"情"，此"情"不是稻盛先生所讲的靠感情来谈事情，是作为人最基本的情感，比如同情、善良、友好。若一个人本性冷酷无情，又好欺压他人，就无大智慧可言了。

这篇关于职场的文章，我用了相当多的篇幅来写自己的亲身经历，希望每一个职场人在工作中都能冷静处事，也能有幸远离蛮横无礼之人，守护好自己作为职场人的那份情与理。

你可以自我燃烧吗？

> 想成就一番事业，需要巨大的能量。这种能量来自自我激励，来自熊熊燃烧自己。
>
> ——稻盛和夫

稻盛和夫被人尊称为"经营之圣"，几十年来有着自己的一套企业经营哲学，被称为"稻盛哲学"。靠此模式，稻盛和夫的事业经营得风生水起，吸引了不少人学习和效仿。他的哲学具有较强的普遍性，认可度高，同时也经得住时间的考验，因此也被人称为"道"。可以说在商业领域，稻盛先生是数一数二的集大成者，不仅经营企业有术有道，对人生问题也有着独到见解。企业经营与90载人生的双重成功，我想这大概就是稻盛和夫今天广泛受人追捧的原因所在吧。

稻盛先生对工作、生活等众多问题都有思考，其中对一个问题的分析我很是认同，那便是关于人类的划分。

理工科出身的稻盛和夫根据物质的三种类型，直截了当地把人也分为三种：一种是不用任何外力帮助，依靠自己的能量就可以燃烧起来的人，称作"自燃型的人"；另一种是需要借助外力作用才能燃烧起来的人，如同靠近火源才会被点燃，这样的人称作"可燃型的人"；最后一种是即使外力主动帮助点火也无法燃烧起来的人，稻盛先生把这类人称作"不燃型的人"。

自燃型、可燃型、不燃型，是稻盛和夫总结出来的人类的三种类型。看到这里，会不会下意识地归类，也想知道自己到底属于哪一类人呢？

我思考过这个问题，拿自己来说，首先会很肯定地说我绝对不是一个"不燃型"的人。而立之年的自己虽然没有做出多么大的成就，但一直以来也在为心中的小理想、小目标奋斗着，也庆幸其中的某些目标已经实现。虽然有些理想不免石沉大海，但有一点是可以确定的，就是自己从没有后悔过为理想努力奋斗付出过的那些难眠的日日夜夜，我的青春正是因那些努力而变得精彩。这样看来，那个一直努力的自己，那个还会主动去追求拼搏的自己，自然不会属于第三种"不燃型的人"。

现在只剩"自燃型"和"可燃型"两种可选。说实话，这让我多多少少有点犯难，为什么这样说呢？在30岁之前的职场生涯中，我无疑属于"自燃型"的人。当时工作辗转于北京、深圳、香港三个快节奏城市，累自然不用说，记忆中好像没有哪天不是拖着疲惫的身躯回到阴暗的出租屋的，好在从事的是自己喜欢的媒体工作，所以生活的艰苦就没太放在心上，反而每天生活得很有奔头。

记得当时每到上班日，只要一睁眼，简单吃过一口早餐后化个淡妆就精精神神出门了，连排队进地铁站的时间都在戴着耳机听英语广播，那个时候的自己可以说是妥妥的"自燃型"人，工作、生活虽然忙碌，但好像没有一点时间是浪费掉的，反而还总是感觉时间不够用。每天不是在工作，就是在自我学习提升，在周围同事和朋友眼中，我总被归为正能量的人。

在职场中的时间久了，也遇到过不少大大小小的困境，有些实在不是一腔热情就能解决的。后来在身体逐渐出现问题的时候，我开始学着放手，让自己也可以说累，尤其是学着让自己开始说"不"。慢慢我再去做一些事情的时候就不会那么不顾一切了，再加上人生到了30岁这样一个坎儿，不自觉地开始审时度势。

例如，如果看不到一件事情有八九不离十的成功迹象，这个时候是不太愿意去冒险的，除非身边有一个十足自信、十足热情的人，让对方带动起自己本能里就有但已经在逐渐退化的劲头。我知道，自己在不知不觉中由"自燃型"变成"可燃型"，虽然这两种类型的人都可以燃烧，但明显后者的火焰旺不过前者。

在稻盛先生几十年的企业经营过程中，用人方面，他首先不欢迎"不燃型"的人。因为这类人在工作中不仅自己没有干劲儿，他的萎靡状态也会潜移默化影响周围其他同事，造成职场氛围的恶性循环，渐渐让整个团队、整个部门都失去斗志，工作价值自然无从创造。

显然最受欢迎的还是"自燃型"的人,稻盛先生也会首先考虑录用这类人,或者选择和这种类型的人合作共事。因为他们本身就具备着充足的能量,不需要上司的督促就可以主动积极地完成任务。在处世方面从不胆怯,遇事也从不推脱,不仅能自我燃烧起对眼前工作的热情,还会带动身边其他同事潜在的能量,让大家一起拼搏。

"自燃型""可燃型""不燃型"三种类型中,"自燃型"和"不燃型"是两个极端类型,我们每个人的身边都会有这样的例子存在。而"可燃型"的人所占比重要远远大过其他两种类型,因为这类型人虽然条件普通,但在遇到激励时也能发挥出潜在的动力,这大概才是我们大部分普通人的真实写照。

突然好像明白,短视频盛行的网络时代,为什么有那么多励志演讲视频出现,并且这类短视频的发布者粉丝量还不少,评论区更是人气火爆。互不认识的网友都可以因为一个主题讨论得热火朝天,有的甚至因为观点的不同,在评论区就开启了"互喷模式"。由此可以看出,其实大多数人还是需要被鼓励、被认可、被推动才会发生改变。

人人皆知职场竞争激烈,恐怕没有几个人愿意一直做一个普通职员。为了获取更高的薪酬和受人尊敬的职位,大家会想方设法,有人还会不顾一切冲到"领头羊"的位置,可惜最后成功的也只是凤毛麟角。

既然"自燃型"的人在职场中最受欢迎,自然取得成功的概率也是最大的。那为了获取职场成就，又该如何成为这类人呢？答案其实也简单，就是爱上你所从事的工作。

有一句话我们从小听到大：兴趣是最好的老师。没错，这句话放到职场中的加薪升职上同样适用。对于一个喜欢自己工作的人来说，每天为自己喜欢的事情付出努力，首先他的状态就是阳光的、积极的，也是可以被周围人感知到的，甚至还可以带动其他人一起奋斗。

其次，在遇到困难的时候，"自燃型"的人也不会轻易放弃，而是直面挑战，并在这个过程中不断激发出自己的自信心和勇气。当困难被克服后，更强的职场自信就会显现，此时工作也可获得进展，一切都会渐入佳境，形成良性循环，获得最终的成功自然不在话下。

其实这也像谈恋爱一样，想想是不是只有面对真心喜欢的人时，才会付出自己全部的热情和主动性呢？如果二人只是有好感，只有发消息给对方的时候，对方才会礼貌性地回一句，而从不主动找另一方，那试问这段恋情有可能顺利发展下去吗？看来爱情里同样也存在"可燃型"的人，他们在时刻等着对方来主动，但这是两厢情愿的爱情吗？

如果想要纯粹的爱情，还是要碰到那个让自己可以做"自燃型"的人才可以，对方也是。两个人因为最初的单纯喜欢，一下子燃烧了各自的爱火，这样的爱情即使在日后碰到些磕磕绊绊，也会因为当初的那份情意而选择彼此鼓励，携手共进。

领导者什么资质最重要?

> 我认为领导者最重要的资质是"人格"。而持续保持高层次的人格,对于领导者来说,是最重要的事情。
>
> ——稻盛和夫

为了写这篇文章,我突发奇想做了一个小调查。我专门去到拉萨的几家书店和西藏自治区图书馆,想要看看市面上到底有多少关于成功学的书籍,可以说不看不知道,一看着实吓一跳。

走进任意一家书店,最显眼位置摆放的一定是当下图书市场最新或最畅销的成功学书籍。在西藏自治区图书馆,从一楼的自由阅览室到二楼的自习室,也是随处可见这类成功学书籍。在我经常阅读写作的二楼,至少有三到五排的立体大书架专门陈列成功学书籍,当然这只是一个规模不算大的图书馆。

毋庸置疑,谁都想成功,职场中恐怕没有几个人不想成为行业内的领导者。拿在学校里的小学生来说,选个班干部也需要老师开启班级内的选拔模式,要么成绩优异者优先,要么让具有先天领导能力的同学担任。班干部竞选都逃脱不了同学间的相互竞争，更别说纷繁复杂的职场环境了，职场人为了升职加薪，更会拼个你死我活。

因为一个职位引发的激烈竞争，背后的原动力到底是什么？难道只是一个单纯的职位吗？当然不是。职位只是表象，人们追逐的是它在职场中象征的权力，归根到底，不外乎是人们对成功光环的向往。但我们好像忘了一件事，并不是所有人都有资格去竞争某一职位，何况职位从来就不是争来的，而是匹配来的。

对竞争职位的人来说，有清晰的自我认知尤其重要。有人考虑到自己的学历劣势，因此花几年时间沉下心来，只为提升自己的学历；有人清楚自己的专业技能较弱，比不上其他同事，于是选择利用业余时间默默学习，刻苦钻研；而有人知道自己只是职场新人，需要更多时间和机会成长，于是能够踏实地在职场中先以一种虚心学习的态度去工作。无论是哪一种，能够认识到自身的不足，随后做出改变从而提升自己的人，是职场中的聪明人，也是更有机会成为领导者的一类人。

学历、专业技能、工作经验虽然都是能力的体现，但想要成为领导者，这些又都必不可少。但反过来讲，想要成为领导者光具备这些要素就够了吗？答案当然是远远不够。这三个要素只要肯付出时间和相应的努力大都可以获得，但有一样东西却不是努力了就可以拥有的。

那就是一个人的人格。

这里的"人格"不是平常理解的简单的道德品质，在稻盛和夫看来，它包含两方面，一个是"性格"，一个是"哲学"。"性格"大多形成于先天，有人性情温和，有人性情急躁；有人刁钻刻薄，有人宽容诚恳；有人天生犹豫不决，有人天生冷静果敢。可以说，不同的人，拥有不同的性格特色。

那这里的"哲学"又如何理解呢？它并不是学科中的哲学，而是一种经过时间考验，在人类历史长河中最后能够留存下来的圣贤们的教诲和精髓。这些教诲里，有教我们如何做人的，也有教我们如何处世的，更有教给我们如何去思考的智慧。

比如孔子留给我们的"三人行，必有我师焉"，教导我们要时刻谦虚有礼，不可妄自尊大。"择其善者而从之，其不善者而改之"，告诉我们要时刻学习别人的长处，要把别人的不足作为借鉴，然后回看自己，改掉自身的缺点。

学习了这些圣人的谆谆教诲之后，以此自勉并照而行之，再加上先天的"性格"，就构成了稻盛和夫口中最重要的"人格"。

再回到职场，如果一个普通员工想成为公司的领导者，拿什么来评估他够不够格呢？先天的"性格"是几乎定型的存在，后天想要改变不是不可能，但的确有一定的难度。因此，唯一可灵活改变的就剩"哲学"这一块了。

对于一个领导者来说，有才华、有学历、懂专业技能、肯努力这些都是最基本的要求，才华越高、学历越高的领导者，越需要"人格"这种特质对其制约和加持，不然这些最基本的优势就很容易偏失方向，转而变为破坏力。

举例来说，一个毕业于名校，又在行业内摸爬滚打多年的业界精英做了一家企业的领导者，但没过几年企业却濒临倒闭，这是什么原因呢？这个时候，要想想是不是这位原本被众人视作优秀人才的领导者，人格出了问题呢？

我们逐一来分析。首先，来看人格中的第一要素，就是"性格"。这个领导者是不是天生性格软弱？又或者是不是天生自私自利？即使成为企业的领导者，但毫无领导者的胸怀格局可言，平时也只关注自己的腰包鼓不鼓，从不把员工的幸福当回事儿，反而一味地从员工身上索取？

其次，来看人格中另一要素，就是"哲学"。可以观察这个领导者的为人之道是不是存在问题，有没有不讲信用，答应下属的事是不是经常食言，是不是在企业经营中习惯性钻法律漏洞，营私舞弊。而领导者一旦"哲学"观念出了问题，那就是产生了负向的、错误的思维方式。错误的思维方式必定会导致错误的行为，如果让这样的人来领导企业，迟早会带来灾祸。

这也就不奇怪，为什么现在无论是新型企业还是传统家族企业会突然出现公司破产的新闻，消息一出，往往世人哗然。这其中很大一部分原因就在于领导者的"人格"出了问题，才让和他息息相关的企业也难以幸免。

稻盛和夫在自己的事业经营中，总结出一个重要的人生方程式，方程式由三个要素相乘构成，这三个要素分别是：思维方式、热情和能力。其中的思维方式其实就是指一种"哲学",一种思想,也包括我们所讲的"人格"。

因此,即使一个人对事业的热情再高涨,个人能力再强,只要他的人格出了问题,导致负向的思维方式产生,那他的人生和工作的结果也不会让自己和身边人满意。可是这样的人本身基础条件不错,那么人生该如何发生逆转呢?其实方法也很简单。能力越强,热情越高的人,就越不能忽视培养他的高尚人格,让这类人始终在工作和生活中保持正向的思维方式,以此来引导他朝着正确的方向前进,这样人生和工作才会有一个美好的结果。

对企业的领导者来说,同样如此。想要在领导者的高位上待得长久,就必须提升个人的人格修养,反复学习正确的为人之道,同时付诸实际行动。久而久之,先天性格中的缺陷也可慢慢得到弥补。在"哲学"和"性格"都提升的前提下,"人格"的提升也指日可待了,又何愁没有合适的职位发挥自己的雄韬伟略呢?

企业要不要走多元化发展之路？

> 要兼顾企业的成长与稳定，事业的多元化是必要的。
>
> ——稻盛和夫

"人尽其才，物尽其用"大概是用人使物的最高境界，一个人如果能在自己擅长的领域发挥一己之长，久而久之不仅能够创造出独特的工作价值，更能因此实现个人的人生价值，可谓一举两得。

一个人在自己的优势领域得到不错的发展，也取得了不少优异成绩，就说明此人会一直如此下去吗？那可真不见得。不然就不会出现一些发展势头良好的企业隔一年两年就要转型整改，甚至有的企业变动周期更短。

在"经营之圣"稻盛和夫的经营思想中，企业发展要时刻保持危机意识。我们都知道京瓷自1959年创办以来便以新型陶瓷技术为企业的发展核心，20世纪70年代就在新型陶瓷行业取得了前所未有的飞速发展。但就在这时，稻盛和夫却有一种不安的感觉，原因是他觉得自己的企业过于偏重于某一领域了，虽然当时无论是新型陶瓷行业还是京瓷的整体经营状况都发展势头良好。稻盛和夫担心的是，万一哪一天行业发生变动，公司岂不是会直接受到影响？到时候，公司如果没有其他可依靠的产业资源，那情况很有可能变得非常糟糕。

稻盛先生正是基于这样的考虑，为了让企业保持稳定、长远的发展态势，毫不犹豫地开启了他的多元化经营之路。虽然他也考虑到多元化经营这条路有分散企业力量的风险，但稻盛和夫险中求稳，采用了"人尽其才，物尽其用"的原则，从京瓷的核心陶瓷技术和结晶技术出发，进军到和这些技术相关的领域发展，而并没有像其他开展多元化道路的企业那样，完全跳脱到陌生的行当中。

稻盛先生完美地运用了"瓦拉赫效应"，从京瓷在新型陶瓷领域的发展优势出发，让企业逐渐增值。这么做既可以让企业尝试多元化经营，又可以避免企业因踏入完全陌生的行业而遭受巨大风险，与此同时还扩大了企业的国外市场，为企业赢得了更加广阔的发展和盈利空间。

接下来，我们来看看"经营之圣"稻盛和夫的商业帝国到底有多庞大。

稻盛和夫的多元化步伐首先迈向了宝石行业。1970年，理工科出身的技术男稻盛和夫将目光聚焦于宝石业。宝石和陶瓷有许多共同点，同时也是稻盛和夫大学专业范围内的知识，稻盛和夫先对准自己熟悉的领域牛刀小试，也是险中求稳的明智之举。

天然宝石的形成要经历一个复杂的过程，如今要用科学技术短时间内代替宝石的自然形成过程，绝对没有想象中那么简单。研发团队在经过近5年的不断试验后，终于在1975年创造出被称为"日本壮举"的再结晶祖母绿宝石。

随后，为了拓展珠宝产品的种类，稻盛和夫再次带领团队研发出蓝宝石、红宝石、变色宝石等多种再结晶宝石新品种，以"CRESCENT VERT"（绿色月牙）品牌在市场上销售。1978年，该品牌进军美国市场，至此，"稻盛珠宝"名扬世界市场。

如果说珠宝行业是稻盛和夫多元化之路的尝试，那真正算得上多元化经营的第一步就是陶瓷刀具了。这是一种利用新型陶瓷的抗高温、耐磨损特点研发出的技术，用于车床等金属加工机械上的切削工具。这项技术从研发到销售仅仅用了不到两年的时间，高品质"CERACHIP"（京瓷刀具）就在日本成了畅销产品。

紧接着，稻盛和夫进入医疗行业，为了开展医疗领域的业务，稻盛和夫曾被人误解，甚至搭上了自己的名誉。虽然稻盛和夫最初是本着"利他"之心，以为社会、为患者着想为根本开发的医疗新领域，没想到却出了大问题。

事情是这样的，在进军医疗领域后，京瓷开发出陶瓷人造牙根和陶瓷人工骨骼，这项技术可以为不少身体有障碍的人提供重生的机会。但是，在后期新产品研发的过程中，由于企业认证时间方面出了问题，京瓷违犯了日本《药事法》相关规定。一家大型企业出现了违规经营,自然吸引了社会各界的关注,媒体大肆报道此事,甚至开始攻击企业背后的领导者稻盛和夫本人。

除了要做出相应的赔偿外,稻盛和夫和他的企业京瓷都背上了骂名。此时,京瓷已经创办25年,之前从来没有发生过类似的负面事件。这是第一次出现这样的负面新闻,也是稻盛和夫多元化之路中走过的最复杂的一条道路。

再来看稻盛和夫进军的另一个新领域是什么。日本是一个资源相对匮乏的国家,1973年石油危机爆发之际,稻盛和夫就已经感觉到开发新能源来替代石油的必要性。考虑到京瓷本来就有的结晶技术,他便把目标放在硅太阳能电池开发上,并成功研发出既不产生让气候变暖的二氧化碳气体,又可以将取之不尽的太阳能转换成电能的电池。

之后,京瓷开发出太阳能路灯、自动发光道路标识、家用太阳能热水器、驱虫灭蚊灯、地板新风系统等一系列又节能又清洁的新产品。同时还向巴基斯坦等偏远贫困地区捐赠了太阳能村落发电系统,让偏远地区的村民也能享受太阳能发电带来的便利生活。

可以说,珠宝、刀具、医疗、太阳能是稻盛和夫依靠京瓷擅长的陶瓷结晶技术展开的多元化尝试之路。除此之外,在之后的企业经营中,稻盛和夫还相继尝试了电子设备、电信、影视等不同领域的发展,创造出一个又一个商业奇迹。

分析稻盛先生多元化经营之路,背后的智慧运用正是"青蛙法则"。当年，稻盛和夫在京瓷发展正旺盛的时候，居安思危，考虑走一条多元化发展之路以防未来风险，这是企业领导人具备危机意识的体现。

青蛙不会待在沸水里，因为过高的温度会让它立刻逃离。但若青蛙起初是在温水里，任其自由游动，再慢慢加热，那么它将难以察觉水温变化，最终难逃被煮熟的结局。

适宜的水温如同平稳发展的企业状况，逐渐加温的火苗如同将要来临的危机，如果没有提前意识到温水迟早会变成沸水这一事实，没有尽早从危机中跳出的意识，那势必难逃一劫。

经营企业其实就需要企业领导者有这种"提前跳出温水"的警觉和忧患意识。换句话说就是，企业领导者要时刻对周围发生的变化有敏锐的观察和分析，适时做出快速反应和决断。尤其不能在舒适的环境中安于享乐，只看到当下的美好，导致企业发展止步。如果错过了最佳机会，那结果就有可能劳民又伤财，自己的企业、企业里的员工，还有企业效益都将受到影响。

中国智慧如何影响日本"经营之圣"?

> 自古以来,中国人就一贯真挚地追求这种为人之道,追求做人应有的姿态。在中国古代的典籍中有许多这样的智慧,这种智慧感化了世上的芸芸众生。
>
> ——稻盛和夫

从创办京瓷到现在,企业家稻盛和夫的办公室里几十年来一直挂着一块牌匾,上书"敬天爱人"。

在一些公开的媒体采访中可以看到,当盛和塾的企业家塾生向他们的偶像稻盛和夫表示敬意并请教经营之道时,稻盛和夫会毫不保留给予塾生中肯的建议或意见,有时也会应塾生要求,亲笔写下"敬天爱人"这几个字送给他们。"敬天爱人"不仅仅是世界500强企业京瓷的社训,也简单扼要地表明稻盛哲学的原点所在,更是稻盛先生一生经营企业与度过漫漫人生所践行的行为准则。

稻盛和夫如此看重的"敬天爱人"出自哪里呢?"敬天爱人"

一词出自稻盛和夫一生敬仰的"维新三杰"之一西乡隆盛之口，而这位日本明治维新时期的英雄人物一生信奉的却是中国的阳明心学。稻盛和夫和中国文化之间看来早早就有了些许关联。

无论是在企业经营中，还是在思考人生的活法时，稻盛和夫都会学习和借鉴中国贤人的所思所想以及他们的所作所为，然后把中国圣贤所倡导的原则作为自己的做人做事标准。其中不乏《论语》《孟子》《易经》《菜根谭》《了凡四训》等中国古代思想典籍中的智慧精华。稻盛和夫不仅常常引用其中的典故来论事，领悟其内容之后还会实际践行。

我们举一个例子来讲。稻盛和夫作为一位德高望众又功成名就、统领两家世界500强企业的成功企业家，免不了有人向他请教企业如何选拔领导人。在大多数人的认知里，能领导一家企业的人一定要具有勇往直前的胆识和学富五车的学识。但，这就足够了吗？

对于久经商场的稻盛和夫来说，"胆识"和"学识"也只能排在第二位和第三位，那排在第一位的又是什么呢？

先来假设这样一种情况，如果一个领导者具备了非凡的胆识和卓越的学识，但他却是一个心术不正的人，这时该如何评价此人？稻盛和夫早前就已经考虑清楚了这一漏洞，因此他认为一定要有一种特质是能够驾驭胆识和学识的，在稻盛和夫的观点里，也只有"人格"这一特质能做到了。

稻盛和夫这一观点和中国明代思想家吕坤的观点不谋而合。

在吕坤所著的《呻吟语》中有这样的记载："深沉厚重是第一等资质；磊落豪雄是第二等资质；聪明才辩是第三等资质。"

排第一的"深沉厚重"为一个人的人格，排第二位的"磊落豪雄"则是一个人的胆识，"聪明才辩"是一个人的学识，只可排第三。很显然，这三者之中，"深沉厚重"被中国贤人吕坤认为是一个人最重要的资质，正如稻盛和夫认为"人格"才是一个领导者配不配位的决定性因素。

不注重一个人的品德，或是重才轻德，是稻盛和夫很担心的一个问题。才能越出众的人，越有可能沦为才能的奴隶，若是有才能却用错了地方，最为可惜。这在稻盛先生提出的"人生方程式"里也同样说得通。

人生·工作的结果=思维方式×热情×能力

一个能力越强，对工作热情越高的人，如果思维方式有了偏颇，那人生和工作的结果也会越不尽如人意。正向的人格犹如正确的思维方式一样重要，它总能在最后关头决定人生和工作的结果走向。

再举一个例子。

中国自古就是礼仪之邦，倡导要谦虚有礼，不可傲慢自大。稻盛和夫一生驰骋商场，所向无敌，他总结出自己经过一生实践证明的"稻盛哲学"，而其中的"六项精进"原则，至少有两项看上去是他本人受中国文化影响所归纳总结出来的。

一是做人一定要"谦虚戒骄"。在稻盛和夫看来,谦虚就像拥有魔力一般,不仅能净化一个人的心灵,还能为本人召唤幸福,而这样的观点正是受中国《尚书·大禹谟》中"满招损,谦受益"智慧的影响。人只有做到谦虚谨慎,才能获得意料之外的收获,反之,骄傲自满迟早会让身心受到伤害。

二是稻盛和夫认为人一辈子一定要"积善行、思利他",要在自己的一言一行之间思善行善,时刻为他人着想。此观点也是受到《易传·文言传·坤文言》中"积善之家,必有余庆;积不善之家,必有余殃"的影响。

有人质疑行善最后到底能不能因有果报,但稻盛和夫不在乎这个问题的答案,无论如何,他依然主张要去行善。稻盛和夫认为这就像《菜根谭》中说的一样:"为善不见其益,如草里冬瓜,自暗应长。"不要因为看不到草丛里的冬瓜在生长,就否定它的成长。行善也是同样的道理,不要因为善良暂时还没有获得回报,就否定善良的意义。稻盛先生相信因果报应的存在,所以他建议大家不要在行善一事上有过多的担忧和怀疑,尽管行善就是了,结局上天自会有所安排。

在稻盛和夫众多著作和讲演中,经常提到一个人的故事,这个人名叫袁了凡,将自己的故事写进了《了凡四训》中。

简单来说,故事就是袁了凡的母亲要求他放弃科举学习祖传医术,有一天在慈云寺遇到一位飘飘若仙的老人,认为了凡有读书之才，要给他算算人生。经过母亲同意，这位老人算了袁了凡未来的科举考试、成家立业等情况，所有事都能精确到哪年哪月，甚至连多少岁去世也算了出来。

后来发生的事让了凡不断想起早年间这位老人所说的话，几十年的人生走向还真如他算的一样，为此袁了凡困惑多年。一次了凡和一座禅寺的禅师说起此事，没想到当即被禅师大斥一顿。禅师教诲了凡，人的命虽属天赐，但绝对不是不能改变的。禅师建议袁了凡日后常思善行善，这样他的人生就能发生转变，向着美好的方向发展。

听了禅师的教诲之后，袁了凡开始积善行善，结果人生发生大转变，当年那位老人预言只有53年寿命，而了凡写作此书时已69岁。预言他命中无子，没想到袁了凡后来还是有了孩子。其实行善，不单单是一种善意的行为，更是一种智慧，也是做人应有的为人之道。稻盛和夫一生信奉"行善"，并将其贯彻到底。

稻盛和夫认同中国文化中的智慧。中国文化如同汪洋大海，浩瀚无边而影响深远，最后能真正领悟、践行并推广的，恐怕也是同样具备大智慧的人。

你向神灵祈求了吗？

> 我问道："你向神灵祈求了吗？"正所谓"尽人事，待天命"。我想说的是，你是否已经用尽了你的全部力量。
>
> ——稻盛和夫

以上引言是稻盛和夫创办京瓷不久后面对发生的一件难事说的话，当时的京瓷还不是如今的世界级企业，只是一个名不见经传的小公司。

京瓷在1966年接到了世界顶级企业IBM的大笔订单，这是自1959年创立以来最大的一笔订单，但同时也是京瓷遇到的最大挑战。在拿到这笔订单后，作为京瓷领导者的稻盛和夫既欣喜，又担心。他想，这笔订单要是完成得好，不仅能给自己的小公司带来前所未有的利润，还能提高在日本同行业中的技术水平，更能让京瓷一举成名。公司有了名气之后，就再也不用为订单发愁了。

可是，来自顶级企业的订单要求不是一般的高，这对于当时还是一个小公司的京瓷来说着实有难度。在经历了长达半年的辛苦研发后，好不容易生产出的20万个产品最后竟被IBM全部退货，并回复京瓷说这些产品都是次品。

这样的结果令稻盛和夫始料未及，一直钻研技术开发的稻盛和夫不敢相信自己的公司竟然生产出次品，这让一向好胜心强的稻盛和夫受到不小的打击。但责任心强的稻盛和夫冷静下来还是认为，既然京瓷拿到了订单，就一定要生产出让对方满意的产品，不能因为一次失败就放弃。来不及难过的稻盛和夫号召京瓷的技术人员继续努力研发，那段时间，身为社长的稻盛和夫住在工厂宿舍，每天起早贪黑和公司的技术人员一起探讨研发难点，甚至半夜2点多还要到工厂查看工作状况。

一次，稻盛和夫看到有位员工竟然在车间哭泣，原因是不管这位技术人员怎么去做，产品出来后还是和客户的要求有偏差。稻盛和夫问了这位技术员工这样一句话："你向神灵祈求了吗？"

这位员工听到稻盛和夫突然问自己这样的问题，一脸愕然，并不理解老板说的话是什么意思。他在嘴里反复念叨着这句话，"向神灵祈求了吗？向神灵祈求了吗……"突然间好像明白了什么，于是振作起来重新生产，不久，就造出了合格的产品。

先不说神灵存在与否，想想什么时候才会祈求神灵吧！是不是在陷入绝境，完全不知道怎么办的情况下才会这样做呢？向神灵祈求是一个人付出所有尝试和努力之后的最后一试，而绝对不是一遇到事情首先想到的办法，这一点是我们需要弄清楚的地方。

我们熟知，犹太人在历史上屡遭迫害，灾难不断，但直到今天，他们的宗教、语言、习俗还是留存了下来，并影响了全世界。对拥有智慧的犹太人来说，锲而不舍、永不放弃、面对困难想尽一切办法去攻克直到成功才是自己民族的特性。

稻盛和夫拥有的就是这样的魄力，他不相信存在不可能完成的事情。稻盛和夫认为，即使一件事情看似不可能完成，那也只是一个人当下的判断，想要把事情做成，就要用将来进行时来看待问题。当下完不成的事情，随着见识、阅历的增多，不久后或许就有可能完成。所以只是一个人的决心和时间问题而已，最怕的就是还没怎么坚持，在遇到困难的当下就已经选择了放弃。

了解稻盛和夫的一生，就会知道稻盛先生是一个颇有性格的人。他不喜欢"大概吧""有可能""或许"这样略带迟疑又含糊不清的词，他认为这样的话会让人心里很没底，让人慢慢产生退缩心态。稻盛和夫想要做成一件事情的时候，不管自己心里是怎么想的，也一定先用肯定的语气来应答，他认为这么做能够激发出自己潜在的信心和士气，有助于让眼前的事情向着好的一面发展。

当然，并不是我们想让事情变好就真的会好，还有一种情况，遇到困难我们往好处想了，但结果还是糟糕透顶。稻盛和夫认为，这个时候要去想一个更加重要的问题，就是你的努力真的用尽了吗？你真的已经到了不能再努力的程度了吗？

如果觉得自己并没有付出百分之百的努力，事情还可以再做出改善，那就一定要继续努力，直到真正"尽人事"后，再选择"待天命"。其实这里的道理就像稻盛和夫向那位技术人员所说的，除了向神灵寻求帮助外，你真的已经别无他法了吗？

这句话真正的寓意是：为这件事你真的已经尽全力了吗？如果答案是否定的，很显然努力的程度还不够，并不是事情本身有多难。成败还在自己掌握之中。

稻盛和夫的哲学一直以来深受中国思想的影响。我国心学大师王阳明就曾有过这样的先论："子夏笃信圣人，曾子反求诸己。笃信固亦是，然不如反求之切。"意思是再怎么向外界寻求帮助，都不如反观自己，事情最终还需要靠自己，因为世上最了解自己的人，恐怕也只有这个"我"了。

稻盛和夫在经营企业的过程中，经常会接一些自己企业技术能力之外的订单，他笑称这是自己的"手段"。一个原因在于京瓷成立之初缺乏名气，如果不这样做，公司根本就接不到订单；另一方面的原因是，接自己能力以外的订单，对公司和员工来说是一个极好的挑战机会，能让京瓷的技术人员和京瓷本身都得到最快速的成长。

可以说，稻盛和夫这样的"手段"屡试不爽，几十年来，一个个看似不可能完成的任务最后都给顾客交上了满意的答卷。创业初期，公司拿不到订单的时候，他不管晚上在实验室做完实验有多晚，第二天都要早早起来以推销员的身份亲自出去拉订单、推销产品、开发新客户，为此还吃了不少闭门羹。

稻盛和夫为了让产品合格，会一整晚一整晚地抱着产品睡觉；为了让当时没有名气的京瓷进入同类产品的竞争行列，在不会讲英语的情况下，稻盛和夫依然勇敢地一个人前往美国，只求为公司寻找更多的发展机会……

稻盛和夫评价自己是一个不服输的人，从不会轻易选择放弃，更不会对自己没有信心。他相信自己，也相信每个人其实都是有潜力的，今天的自己并不是明天的自己，只要肯付出，人生时刻充满变数。

"你向神灵祈求了吗？"这绝对不是一句迷信的话。这句话背后是一个人对自我的清晰认知，是敢于再次进发的决心，是不达目的决不罢休的超人毅力在做支撑。没有真正付出十足努力的人，都没有资格拥有向神灵寻求帮助的心念，这是我此篇文章的最后观点。

挂在嘴边的"六项精进"到底是什么？

> 我经常将这"六项精进"挂在嘴上，提醒自己实行。虽然字面上平凡至极，都是理所当然的事情，但必须一点一滴去实践，融入每天的生活之中。
>
> ——稻盛和夫

最能证明稻盛和夫经营之厉害的恐怕就是"盛和塾"。早在1983年，为了方便日本京都一些经营者向稻盛和夫学习经营之道，"盛和塾"的前身"盛友塾"成立了。

从"盛友塾"到"盛和塾"，发展到今天已经40年，企业家塾生更是逐年扩增，并且遍布世界各地。中国台湾及大陆众多城市中也都设立了多个分塾，塾生数目众多，影响深远。

稻盛和夫几十年的企业经营生涯中，有着自己的一套经营哲学，称为"稻盛哲学"。当然这套"稻盛哲学"不仅仅针对企业家，其中大多内容也关乎人一生应该如何活，同样值得每个普通人去学习和领悟。

活着为了什么？也就是生存的目的和意义是什么——报效祖国？功成名就？光宗耀祖？还是只为了来人间走一遭，做一个生活过客便匆匆离场？

每个人的生存目的各不相同，也无从评判，但有一点是共通的，那就是和浩瀚的宇宙相比，我们的人生十分短暂，作为人类的我们渺小得如沧海一粟。既然人生长度无法延长，那人生宽度有没有办法丰富一些呢？换句话说，我们该如何创造自己的价值，给原本短暂的人生增添些许枝叶，让其枝繁叶茂呢？

熟知稻盛和夫哲学的人很清楚，稻盛先生的一生尤其是前半生坎坷不断，受尽了生活磨炼。他的哲学观点也正是来自于工作和生活经验，并不是传统认知意义上的哲学概念，连他自己也时常笑称自己是哲学的"门外汉"。

但就是这样一位对哲学并不内行的企业家却给人类"生存的目的"下了一个世人十分认可的定义：我们的灵魂在终结时的价值必须高于降生时的价值。这是稻盛和夫认为的生存目的和意义，也是他自己的人生观。

想要在死亡时达到的境界比出生时高，一个重要的内容就是要创造价值，更准确地说是要不断磨炼自己的灵魂，提升心志，在艰难的人生旅途中让自己得到进步，进而让心灵获得滋养。

那问题来了，我们又该如何具体去磨炼心志呢？稻盛和夫总结出六条修己渡己的原则，称之为"六项精进"。今天就来看一下，作为人生指南的"六项精进"，为何会引来那么多人的推崇和学习。

第一，要付出不亚于任何人的努力。

稻盛和夫是一个非常有性格的企业家，他不喜欢在生活和工作中总是抱怨的人。他的观点是：与其有时间怨天怨地，还不如好好工作，只要开始工作了，人就会有所收获，哪怕收获微乎其微。在生活中也是同样的道理，遇事不能轻易放弃，要学会忍耐，坚持到最后，好了力求更好，对事情时刻保持精进的态度，努力、勇敢、不畏艰辛，在奋斗路上让自己得到质的提升。

第二，做人要谦虚，不要骄傲。

稻盛和夫的一生虽然困难不断，但他凭借自己的意志和智慧突出重围，最后功成名就。无论何时，稻盛先生有一个习惯不会改变，那就是时刻保持学习。不仅要学习先进的技术，还要学习各国伟人的思想，在这一点上，稻盛和夫尤其以中国的圣贤思想为重去学习。举例来说，他十分崇尚中国智慧中的"谦受益"，因为稻盛和夫也认同，一个能够时刻保持谦虚之心的人，也是最容易获得幸福的人。不仅如此，谦虚还可以净化人的灵魂，因此能做到谦虚这一点，也是人类的大智慧之一。

第三，要每天反省。

看到"反省"二字，不由得想到上学时有同学做错事的时候，老师最常说的一句话就是："你给我好好反省反省。"可到最后老师往往凭着学生一句"我知道错了"就原谅了他们。这些同学真的反省到自己的错了吗？从老师前脚刚走，这些同学又再次开始嬉皮笑脸,我知道,反省这个词老师用得太重了,因为很多人根本就做不到。

稻盛和夫有个习惯,一天工作结束后他会抽时间回想一下当天发生的事情,包括自己见了什么人,做了哪些事,在这个过程中,自己又是如何应对的。这不是简单的日程回顾,而是要在这些事情的基础上,弄明白自己一天里有没有做得不好的地方,是不是对人太苛刻了,是不是某个决定下得有些不妥了,还是哪件事表现得太过自我了……

如果发现自己哪儿做得不好,稻盛和夫马上就做出改正,绝对不能让自己继续做出自私自利、有损于他人利益的事情。

第四,人活着就要感谢。

这一点和上面第三点一样,是稻盛先生几十年来坚持的习惯,他不仅要反省自己当天的所做所为,有错就改,还要心怀感谢之心。"谢谢"是稻盛先生时时刻刻都会脱口而出的话,而且他要求自己发自内心地去说"谢谢"。

为什么这么做呢?通过这种形式可以培养自己的感恩之心,即使生活不如意,事业没起色,稻盛和夫还是认为人要感谢,不为其他,就为自己还活着这一点也要感谢,起码感谢我们的生命还在。

第五,积善行、思利他。

稻盛和夫非常认同和喜爱中国文化,认为不仅谦虚会带来好运,同样,一个善良的人做善良的事也会得到好报,这条精进法则正是来自于中国智慧"积善之家,必有余庆"。

此外,"利他"一直是稻盛和夫哲学的核心思想,在他的企业经营生涯中,稻盛先生时刻为客户着想、为员工着想,并且时时都在杜绝自己"利己"心的产生,将"利他"思想贯彻始终。

第六,不要有感性的烦恼。

这一点还是让我深有同感,其实我们的一生中发生大事的概率小之又小,如果遇到大事,人反而变得理性了。正是不断发生的日常琐碎之事,让我们的情绪最容易发生波动,以致很多时候用感性去处理事情。

这在稻盛和夫看来是不应该的。烦恼虽然避免不了,但也绝不能让它来支配我们的情绪,一旦如此,就会影响到日常的生活和工作。而工作,尤其需要全神贯注投入其中,有时还需要全力以赴付出努力,如果此时掺杂进个人情绪,势必会影响工作成果。有时情绪过了,才意识到原来自己不该这样做,可一切都晚了,后悔的还是自己。

以上六条就是稻盛先生总结出来的"六项精进"原则,照此去做,就可以像稻盛和夫说的那样,逐渐磨炼心志。人生最后时刻,当心志和灵魂都提升的时候,那自己这一生的生存价值自然也会显现出来。

法则确实简单,没有理解不了的地方,像稻盛先生所说,也都是些理所当然的事,但或许越简单的道理才越接近本真吧。一个人能理解,未必能做到;能做到,未必能一直坚持,这才是问题的根本所在。

开展事业要摒弃哪"三毒"?

> 据说人的烦恼有108种之多,特别是其中的"贪、嗔、痴"这三毒,是使人痛苦不堪的"元凶",是死死缠住人心,不肯须臾脱离的"毒素",人们即使想摆脱它们却总是摆脱不了。
>
> ——稻盛和夫

"三毒"是一个佛家词汇,这篇文章不探讨佛教知识,是想通过在佛教里代指一切痛苦根源的"三毒",来简单剖析稻盛和夫的哲学。

1997年,稻盛和夫以法号"大和"在日本京都圆福寺出家修行,这一年,他65岁。更让人没想到的是,在出家之前稻盛和夫身患重病,进行了胃癌手术,切掉了三分之二的胃。从死亡边缘挣扎回来的稻盛和夫,没过多久就开始了他期待已久的修行生涯。

为什么说期待已久?因为这正是稻盛和夫给自己规划的人生

三阶段中最后一阶段里，要为死亡做准备的事情。虽然当时还是因为突如其来的病情耽误了5年时间，但稻盛和夫出家的决心始终没有褪去。当然，这也是受到从年轻时起就给稻盛和夫人生不断指点的心灵导师西片担雪法师的影响。稻盛和夫发誓要在人生最后的几十年里再次磨炼自己的心志，提升自己的灵魂，当死亡到来的那一刻，才不至于后悔和害怕，于是选择出家修行这条路。

纵观稻盛和夫的一生会发现，他对自己要求极其严格，不允许自己做对不起家人、对不起客户、对不起员工的事，反而事事要把别人的利益放在最先来考量，这是稻盛和夫的为人之道，也是他经营企业的原则。

稻盛和夫有一个习惯，在做重大决策前，先用相当长的一段时间来思考。他在思考什么呢？其实思考的问题也很简单，他会问自己：眼前要做的这件事情自己"是不是真的没有私心"？如果答案是肯定的，稻盛和夫才会考虑开展这项事业，而一旦开展，就不会再给自己留退路，而是要拼尽全力去完成。

20世纪80年代，在打算进入电信行业时，稻盛和夫遭到了前所未有的争议，这也让稻盛和夫怀疑自己到底是不是真的像别人说的那样，是沽名钓誉？

为了考虑清楚这一问题，稻盛和夫竟然用了半年时间来自我审问。无论公务多么繁忙，稻盛和夫每天都会问自己：是不是动机至善，私心了无？经过一段时间的自我考验，他每天获得的答案都是一样的,那就是他没有一点私心,唯一的目的就是让国民享受到优惠的电信费用而已。考虑清楚后,他便再无他念,也没有了自我怀疑,全力着手电信新事业的开展。

为什么要说稻盛和夫这样的一段创业经历?其实这篇文章分析"贪、嗔、痴",归根结底是一个人要摒弃自身欲望。"贪"会让人欲望逐渐膨胀,永不满足;"嗔"会让人生起憎恨之心;而"痴"则指愚痴,让一个人无法明白事理。当贪欲无法满足时,就会引起憎恶,一个人一旦陷入这样的人生之中,又何谈获得美好的结局呢?

我身边有过这样的朋友,偶尔会念叨一件他特别想要做的事情,但一段时间后,事情没有成功,他当初的那种渴望就不自觉地演变为恼怒,经常念叨"为什么别人成功了而我没有",还会再扒一扒那些成功人士的八卦,"那个谁谁谁是靠谁谁谁的关系进去的""谁谁谁是因为人家家里有钱"。事情的真相到底是怎样的,我们无暇探讨,或许真相还真如那位朋友说的那样,但问题已经不在于真相是什么了,而是他已经被这种欲望和欲望无法达成引发的负面情绪深深地影响了。

稻盛和夫明白的就是这个理,所以他要"摆脱欲望",要切断这扰乱人心的"三毒",尤其是"贪欲"。虽然说"贪、嗔、痴"如此恶毒,但要在心里完全消除它们却不太可能,只能去控制。那具体该如何做呢?

一直将这"三毒"控制得很好的稻盛和夫,他的观点是:一个人只要将诚实、感谢、反省这一类"简单易行的修炼"在生活、工作中坚持下去就行。另外，平时养成用理性判断事物的习惯也很重要。

我们讲过稻盛和夫自我要求很严苛，他会几十年如一日地坚持每天不断地说"谢谢""对不起"。看似日常的两个词，在稻盛和夫眼里可不那么简单，这么做是为了培养自己的感恩之心以及反思精神。

在说出类似"谢谢""对不起"这样美好的话语时，稻盛先生的思维也会跟着去思考，哪些事是值得感谢的，而哪些事又是自己有做得不对的地方，要进行反省的。在彻底想明白之后，他会马上改正，这样简单的行为别人或许觉得没有多大意义，但在稻盛和夫看来就是在修行。

我们知道稻盛和夫是一个理科生，自然习惯用理性的思维去思考和处理事情，工作中他也不喜欢太感情用事的人，就像之前提到稻盛和夫决定开展电信事业的事情。稻盛和夫原本是一个经营精密陶瓷企业的人，电信对他来说是一个完全陌生的行当，而且对一个企业家来讲，投身完全陌生的领域本来就是风险极大的事情。

很多人不知道，稻盛和夫最初做出这个决定也是带有感性成分的。原因在于，稻盛和夫看不惯当时日本国有电信企业的垄断行为，让包括自己在内的日本国民长期承受着高昂的电话费用却不作为。稻盛和夫这一举措就是要和国营企业"作战"，唯一的目的是营造一个真正公平、自由的电信市场竞争环境，最终实现日本的电信自由化。

这样的思考再怎么出于感性，也只是稻盛和夫最初单纯的"欲望"，出于为国民考虑，让日本电话费不至于那么昂贵的一个欲望。但是，稻盛和夫这里持有的"欲望"是一种正面的思维方式，因为他的欲望不是为自身获取利益而是"利他"。即使有这个单纯的欲望，稻盛和夫也没有马上行动，他用6个月时间重新思考，进行自我确认，在确认并无一点私欲掺杂时，才确定要开创这项新事业。

而这个理性的思考过程，其实就是一个逐渐摆脱欲望的过程，尤其是摆脱自己的私欲。"利己"心一褪去，"利他"心就会显现。同时，这也是验证稻盛和夫当初的单纯、美好欲望到底能不能变成现实的一种手段。从这个案例中，我们可以领会到，理性思考在企业经营管理中必不可少，尤其是对企业领导者来说，具备理性的思考习惯至关重要。

企业经营是实战，时刻需要领导者用理性思维去判断，还要在此基础上把"利他"心作为思考的核心，这样才能摆脱来自领导者自身欲望的干扰，最终把作为人最纯真的心显露出来，进而创造出美好的事业和绚丽的生活蓝图。

钻研创新有多难？

> 我找到了一个诀窍，它可以让枯燥的工作变得有趣，可以让平淡的工作加快速度。这个诀窍就是"钻研创新"。
>
> ——稻盛和夫

对于一个企业来说，从创办之日起，估计每个领导者都要考虑企业如何才能长久存活下去这个问题。虽说"不积跬步，无以至千里"，但每天重复性的工作必定让人产生倦怠，时间久了就会缺少活力。试想，一家没有活力的企业又怎么能发展长远呢？

此时，唯有创新才会带动企业继续发展。创新这个词已经喊了很多年，本质就是要做到突破，核心思想就一个字：新。这是大多数人理解的创新本义，当然没错。只是在日本企业家稻盛和夫这里，创新不单单是字面意思，还被赋予了新的"哲学"含义。而且他认为"创新"不能单打独斗，它还有一个伙伴，叫作"钻研"，能够做到"钻研创新"才是稻盛和夫认可的企业长久发展的诀窍。

"创新",如果按稻盛和夫的思维方式来看,它的定义反而很简单:明天胜过今天,后天胜过明天,对工作加以改良改善。

任何一项全新的工作都少不了从"今天"开始,在工作进展过程中,自然而然就会有明天、后天、大后天……而明天、后天、大后天其实都是一个个实实在在的"今天"。要想让明天胜过今天,后天胜过明天,除了要过好每一个"今天"外,还要有持续性,那就是让后一个"今天"永远超越前一个"今天"。即使只是小小的进步,久而久之,事业也会发展得越来越好。

那怎么让下一个"今天"优于前一个"今天"呢？在工作中,就需要不断钻研,时时想出新的点子来优化工作方案,永远用"没有最好,只有更好"的思维模式促进工作发展。

稻盛和夫一手创办的世界500强企业京瓷主营精密陶瓷,对产品精度要求极高,大多数时候研发工作人员可以规规矩矩地按照客户提供的图纸信息来制作产品,但也有不少时候会遇到对产品要求不断改动的客户,他们对产品的研发要求异常严格。

比如,京瓷成立8周年的时候,有幸接到大企业IBM的一笔订单,对方提供的产品规格就有一本书的厚度,从产品的尺寸精度、密度、渗透性、特性、表面粗糙度,以及具体用什么工具测量和测定等方面,京瓷都需要按照客户提供的细节要求来进行研发。

可问题是当时的京瓷并没有今天的实力,没有能力达到对方的要求,说白了,连订单所需的精度仪器都没有。这时候,稻盛和夫就显现出惊人的领导者风范,他并没有被对方这样的高规格要求吓退，反而在面对如此难题时，意志变得更加坚定，同时灵活处理，转换新思路来解决问题。

首先，稻盛和夫从思维上进行改变，他想到，能接到世界一流公司IBM的订单在一定程度上反映出这些大企业的公平性，因为他们竟然肯和一家名不见经传的小公司合作。如果京瓷能把这笔订单做好的话，那就是与强者同行，自然会"一举成名"，对公司发展是一个很好的带动。

其次，对于当时的京瓷来说，确实无法达到对方要求的生产标准，但"今天"达不到，并不意味着"明天"也达不到。既然这次订单如此重要，那无论如何都要做下去，要做下去就要达到对方要求。当下达不到对方要求，那京瓷就必须去改变，达到客户要求为止，此时创新就迫在眉睫。

基于这样的钻研思考，稻盛和夫瞬间燃起了前所未有的斗志，说干就干，他马上命令公司配备了当时要研发IBM产品所需要的所有设备，包括30台自动冲压机，2台大型电子炉，同时针对自己公司的短板，又购置了测量精度用的万能投影仪等当时最新型的设备。

也正是接到这一大笔订单不久，稻盛和夫正式就任京瓷社长，那时的他才34岁。为了完成IBM这笔大订单，稻盛和夫亲自到生产一线指导，常常忙通宵。有时为了节省时间，也为了方便夜里去车间视察工作，他干脆住在公司宿舍。就是这样黑白颠倒的努力之后，京瓷终于生产出20万件产品！但是，没想到的是，大家还没来得及高兴，产品就被IBM全部退回，原因是产品不符合对方要求，对方认为这些是次品。

没想到小半年的努力竟然白费，但既然决定干下去，稻盛和夫就没想过中途退缩。虽然产品不合格，但这次的生产过程也让京瓷的研发人员明白问题出在哪里，之后大家逐步去攻克难题就好了。这么一想，事情也并不是完全没有一点好处。拥有好心态的稻盛和夫心想，这次经历就当大家练手了，在生产过程中毕竟也发现了存在的问题，如果这些问题解决了，那就有助于接下来研发工作的继续推进。稻盛和夫不断鼓励自己的研发团队，告诉他们要想最后取得成功，一定要竭尽全力，因为如果只付出所谓的那一点努力，在稻盛和夫眼里根本就不叫努力，也就不可能取得成功。

之后的几个月，稻盛和夫一直在现场做指导，和研发人员一起克服难题，很少休息，大家也都以24小时三班倒的方式加速前进。两年后，终于在对方规定的期限内完成了2500万件合格产品！并且受到IBM采购负责人的高度肯定。

经过世界顶级公司的磨炼之后，京瓷上上下下的干部员工都充满了前所未有的信心。同时，也正如稻盛和夫预见的那样，完成这次具有挑战性的任务让京瓷在业界的好名声不胫而走。

其实，"钻研创新"在稻盛和夫看来从来就不是一个多么难懂的词，只要愿意改变，还愿意为了改变而付出实际努力，在付出努力的过程中一天比一天有进步，即使小小的进步，那就是钻研创新了。

为什么要付出不亚于任何人的努力？

> 不管经济是否景气，不管身处怎样的时代，我相信，只要拼命努力，便能克服一切困难。
>
> ——稻盛和夫

我们来看看稻盛和夫是如何看待这一问题的。稻盛和夫把这一问题看得很简单，他认为不管是一个人的事业还是人生，如果没有达到自己认为的成功模样，那原因就是自身努力不够。即使大部分人认为自己已经很努力了，也确实为自己要达成的目标付出了不少努力，如果没成功，说明努力的程度还是不到位。

那到底应该怎么努力才能成功呢？稻盛先生给出了十分明确的回答，那便是：付出不亚于任何人的努力。

"付出不亚于任何人的努力"不仅是稻盛和夫认为的成功要领，还是一项自然法则。纵观自然界，万事万物存在的前提便是竭尽所能只为求得生存。说说我自己对自然的一个深刻印象。我生长在内蒙古，出生在山里，从小到大尽收眼底的景色便是一片荒芜的大沙漠。小时候经常和比我大不了几岁的小姨小舅在沙漠里打滚玩耍，印象中一望无际的沙漠自成一色，看上去大气又豪迈，活生生像一个硬气的西北汉子。

但再硬气的汉子也有温柔的一面，对于沙漠来说，它的温柔之处体现于人们偶然发现的一棵棵小草苗。细细观察会发现，这小草虽然体格不大，但生得丰茂翠绿，如果不认真寻找，甚至根本就发现不了它们的存在。小时候不懂为什么这么大片沙漠只长着这么少量的小草，随着年龄增长，在经历了些许生活的磨炼之后，我才明白，相比于长在饱尝雨水环境下的小草，长在沙漠中的小草生命力到底有多强。

对于那些能在沙漠中成长起来的小草而言，我想它们生存的愿望一定强于成长于肥沃水土中的同类，因为面对恶劣的环境，它们要生长自然要付出比同类多得多的努力。在最艰苦的环境下付出最大的努力，这是万事万物存活下去的根本，否则将会被所处的环境淘汰。

植物尚且这样，人类更是如此。要想活着，好好活着，就需要"付出不亚于任何人的努力"。

拿稻盛和夫来讲，他27岁开始创业，身边也有几个歃血为盟的朋友在帮扶着他共同发展事业。但当时的稻盛和夫毕竟年轻，也没有创业经历，一上来就被大家推举到领导者的位置，一定承受着不小的压力，由于压力过大，他一度天天想着自己的公司是不是随时会倒闭这样的问题。再加上作为领导者时常需要决断，处理的问题更是五花八门，当时没有一点经营管理经验的稻盛和夫生怕自己德不配位，辜负了大家陪他创业的决心和大家对自己的那份信任。

在这种情况下，稻盛和夫开始转变观念，从事情的另一方面来想问题。一向好胜心强的稻盛和夫在思考之后得出这样的认知，他觉得压力其实也是一件好事，因为它可以促使自己更加努力地工作。京瓷刚创立的时候，还是一个街道小工厂，那时稻盛和夫就琢磨，迟早有一天要让这家小工厂变成世界第一的大企业。他不仅这么想，还把这个想法告诉员工，让大家为了这个目标共同努力。

可想而知，一个小工厂要变成世界第一的企业，要经历多少挑战，但稻盛和夫坚信，只要"付出不亚于任何人的努力"，任何困难都会被攻克，即使是"成为世界第一"的目标也终将达成。

当然，稻盛和夫的"付出不亚于任何人的努力"绝对不是一句口号，也不是一句自我安慰的话。确定目标之后，他开始了"付出不亚于任何人的努力"的实际行动。

拿创业初期艰难的处境来说，作为公司领导者，他没有在办公室里坐着只做管理决策工作，而是常常跑到一线和员工一起研发。那段时间，稻盛和夫不分白天黑夜，他晚上在公司做研发，白天出去跑业务，一心想着能为公司多拉一些订单。

在稻盛和夫自传中，有不少篇幅讲创业过程中付出的努力，看完我有一个感受，就是当他回忆起创业时所付出的那些努力时，言语间还存有当年的豪情。因为在当时困难的情况下除了努力再努力地工作，根本没有其他有效的方法能帮助到他和他的公司，所以也只能振奋精神去奋斗了。

那到底要努力至什么程度呢？努力到让神灵都感动的程度，其实就是他反复讲的"付出不亚于任何人的努力"。

正是这样的付出，让稻盛和夫在事业发展之路上越走越远。拼命努力不仅是稻盛和夫性格中的一面，也成了他企业经营中一项很重要的内容，更是"京瓷哲学"核心思想之一。

常听到一些人说自己已经很努力做什么事了，还是没能成功，这如果按稻盛和夫的要求看恐怕还差那么点儿意思。在稻盛和夫看来，这些人是付出努力了，但努力的程度还远没有达到能够实现他们目标的标准。如果达到了，那为什么还有这么多人对自己的目标唉声叹气，感觉力不从心呢？归根到底，还是努力不到位。由此可以看得出稻盛和夫的要求之严格。

并不是只有像稻盛和夫这样经营企业的人才需要"付出不亚于任何人的努力"，作为普通人的我们何尝不需要这样的决心？

每个人在面对众多人生课题时，例如学业、事业、婚姻等，想要获得理想的结果，选择为之付出努力没有一点错，若想让学业顺遂、事业成功、婚姻美满，势必要付出更多，直到付出不亚于任何人的努力。直白点说就是，在认真的基础上再认真，在拼搏的基础上再拼搏，在喜欢的基础上再喜欢。一件事情没能成功的根本不在努力了没有，而是努力了多少。只要多努力一点，事情的结局一定比只付出了一点努力更让人满意。

领导者的能量场是怎样的？

> 这份"无论如何都要成功"的心念，变成了一股能量，注入了下属心中。换言之，只要心念够强，便能变为强大能量，而所谓"注入"，即让下属理解和接纳，让他们打心底觉得"此话有理""能够成功"。
>
> ——稻盛和夫

日本企业家稻盛和夫27岁开始创业，创办的企业就是如今享誉世界的京瓷。在京瓷还是一个街道小工厂的时候，稻盛和夫就向员工不断地强调京瓷要"成为世界第一"的目标。当时，这听起来是可笑至极的一句话，但无论面对多少质疑，稻盛和夫依然时时重复这一目标给大家听。

"成为世界第一"是稻盛和夫对自己企业发展的愿景，但对当时才开始创业的年轻人稻盛和夫来说更是一种信念。当信念植入内心，并不断强化之后，就会转化成一股强大的能量，而当每个人心中都充满能量的时候，工作中遇到任何难题都会迎刃而解。领导者拥有这种给员工传递"思想能量波"的能力，激发下属在工作中的干劲儿，是一种难能可贵的领导力。

当然，领导者在能量传递过程中，有一点需要把握好，那就是不以说教方式激励员工。稻盛和夫认为，领导者想让自己的员工真正为公司努力，只有一种方法，就是员工发自内心真正接受了领导者以及领导者的理念。这样，领导者散发出的能量才会在员工中起到应有的效力。

领导者的能量场首先体现在领导者的行动力上。在稻盛和夫的经营理念中，行动力并不只是用来要求员工的，企业的领导者要首先以身作则，用实际行动潜移默化地影响、感染员工。如果一味只说不做，并不能起到激励员工的作用，反而会招来员工的不满，他们会认为自己的领导原来是一位光嘴上说却不干实事的人。稻盛和夫认为，如果没有榜样做表率，员工的干劲儿自然也很难被激发起来。

就拿出勤时间来说，稻盛和夫的观点是，领导者不仅要按公司的规定要求自己准时到公司，甚至做到比员工早到。针对经常有员工迟到这一问题，稻盛先生认为，只要领导者自己每天早到公司，这一行为比苦口婆心要求员工不要迟到这些话要有效得多。试想，员工每天一到公司就能看到自己的领导已经开始办公，那他还会迟到吗？

稻盛和夫作为京瓷的领导者，无论做什么事情，都要求自己率先垂范，成为能量十足的领导者。

或许有人会觉得，这样下去领导岂不是很累？为了呈现一个完美的领导者形象要时刻严格要求自己，是不是就没有自我了呢？对此疑惑，稻盛和夫很直白地表明他的观点：确实如此！但他同时也认为，一个人既然当了领导者，就不要考虑什么自我的问题了，因为在成为企业领导的那一刻，这个人就是代表公司的形象为公司付出，这不仅是职业人的素养，也是领导者强烈的使命担当。

职场中还有这样一个问题，也可以体现出领导者的能量场，那就是当公司利益和自身利益发生矛盾的时候，领导者到底该如何抉择呢？

在西方，领导者的处理方式一般遵循"五五原则"。就是要求领导者既要重视公司的利益，又要注重自身利益，更有甚者把自身利益放到公司利益之前。这类领导者的典型特色是，只有当自身利益得到满足之后，才考虑公司利益。对于这种利益分配方式，稻盛和夫坚决持反对意见。

对于稻盛和夫来说，一个领导者不仅要在上班时间工作，更要在下班之后继续思考公司的事情。如果只在上班时间里工作，下班后就把公司的事情抛到一边，去干自己的事，这种做法对公司也是不利的。因此稻盛先生主张领导者要摒弃私心，时时刻刻、随时随地为自己的企业着想。

对于当公司利益和自身利益发生冲突时如何选择这个问题，

稻盛和夫下意识地首先选择将公司利益放到自身利益之前，连一点考虑的余地都不会有。他认为只有做到把个人利益放到公司利益之后的领导者才有资格当领导。反之，让注重个人利益而忽视公司利益的人来经营公司，迟早有一天会给企业带来不可想象的损失。

有人会想，照这样要求，成为一名企业的领导者也太惨了吧，这不是完全没有个人利益了吗？其实不是这样的。一个人在担任领导职务时，首先收获的是别人渴望而不可得的权力，同时还实实在在拿到企业给予的高标准薪资待遇，这在稻盛和夫看来就已经是一种不小的收获了。

所以，企业领导者就更应该付出自己的全部心力为企业工作。如果做不到，就算不上一位称职的企业领导者，自然也无法收拢人心，无法让下属全心全意、心甘情愿跟随自己干事业，那又怎么能干出让人满意的业绩？再长远考虑，企业又怎么能长久发展下去呢？

做企业如同做教育？

> 我们京瓷之所以能够发展至如今的规模，其关键原因在于"坚持育人"。
>
> ——稻盛和夫

很难想象，作为企业家的稻盛和夫和教育能有什么关联，如果作为个人职业选择的话，稻盛和夫本人坦言并没有把教师这个职业作为自己的首选，但用稻盛和夫自己的话来说，他觉得自己是非常懂教育的人。他曾表示，万一有一天他真不做企业了，最想做的职业还是教师。

在稻盛和夫看来，做企业和做教育有很多相似之处，最突出的一点就是这两个行当都需要"育人"。

在企业经营中，无论是对员工还是客户，稻盛和夫始终将"善"贯彻到底，处处为他人着想，为对方谋利益。但这样的"善"有一个特点，就是倡导行"大善"，反对施"小善"。这又如何理解呢？

比如在职场中，大多员工都希望上司是和善又好说话的人，这样，当员工遇到困难的时候，上司就能挺身而出为他们排忧解难，即使大事帮不了，小事情也能够提供帮助。例如部下需要请假的时候，上司能够尽可能给他们行方便，立马批准。这样的上司看似很容易和下属形成一种轻松愉快的工作关系。但问题来了，这么做真的是上司在对下属好吗？

不尽然。在稻盛和夫看来，这样的上司充其量只能算是对员工施以一种"小善"，时间久了，这种行为会让员工越来越松懈，工作积极性越来越低，那何谈为公司创造收益呢？反之，一个对下属非常严苛的上司，虽然让员工时常感觉到工作有压力，但从长远来看，员工的工作能力也会在这种压力下得到提升。一时的严格看似无情又冷漠，却会造就长远的利益，这在稻盛和夫看来才是"大爱"的体现。

但这并不是说冷酷无情的上司就不关爱自己的下属。严厉的目的在于让员工得到进步和成长，让大家全身心投入工作之中，把精力用到该用的地方。

在稻盛和夫的企业经营理念里，能够直言不讳指出下属的过失是一个领导者应当具备的素质，但领导者也不可一味如此。该表扬员工的时候，上司也要像学校里的老师一样，全心全意地嘉奖和鼓励，并且要面带微笑。领导者只有展现出这种真诚的态度，员工才会领会领导的良苦用心，当他们感到自己的领导是真正在关心自己，为自己考虑的时候，员工就会心怀感恩，明白领导的用意，在工作中心甘情愿接受上司的领导。

在企业管理中，如何用人是一门有趣的艺术，还有一点也很重要，就是如何培养下属。

我们常听到一句话，"疑人不用，用人不疑"，但这未免有些意气用事。稻盛先生认为，身为领导者必须要有过人之处，尤其要学会评估自己的下属，包括他们的能力、性格还有人品，不能对他们随意下判断，也不能随意支配员工。

领导者的自我成长和培养下属同等重要，倘若领导者没有一双识人的慧眼，势必会让工作事倍功半。

举例来说，如果一个项目明明适合由一位懂得计算机操作的下属来负责，但领导偏偏派给了一位产品设计人员，可以想象，后期工作起来一定困难重重。而"启用与岗位匹配的人才"是稻盛和夫在企业经营中一直强调的重点，这样"人尽其用"，工作才会有组织、有效率地运作下去。

因此，在企业用人方面，领导者在自身修养达到一定高度之后才能支配员工，也才能在给予员工机会的同时，安排合适的工作任务。

每个企业都有不可多得的人才，重点在于领导者能不能准确识别，会不会配置人才。在众多员工类型之中，稻盛先生认为有一类人应该着重培养。他们业务能力强、做事认真、为人老实，缺点是性格过于温和，还有些胆小怕事。领导者可以针对他们的弱点，重点培养他们的胆魄。

那应该如何去培养呢？稻盛和夫认为，不仅要大胆放手让员工去做事,更要在他们遇到困难选择逃避时,将严苛的态度发挥到淋漓尽致,直到他们一直向前冲为止。这样一番实战历练下来,那些原本骨子里有些胆怯的员工,胆魄才能得到锻炼。当弱点慢慢被克服,加上原有的优点,这个人就会变成一个优秀的可用之才。

"有意注意"是什么？

> 有句话叫"有意注意"，有意识地去注意，就是说，抱着明确的目的，认真地将意识和神经集中到对象身上。
>
> ——稻盛和夫

第一次接触到"有意注意"这个词时，我下意识地理解为我们常说的注意力。

这一理解来源于我上学时期的记忆。记得老师在讲课时，看到大家没有认真听课，就会用略带生气的表情盯着全班同学，并呵斥大家："注意听讲！"随即再来个升级版的："能不能集中注意力啊！"纪律较差的时候，老师还会使劲敲黑板，大声喊道："看这里！看这里！"

对讲台下的学生来说，听到老师的声音会条件反射式猛然一惊，将目光从其他地方收回到黑板上，这是一种本能反应，可以称为"无意注意"。而要想将学业完成得优秀、工作完成得优异、感情相处得融洽美满，少不了要培养另一种习惯，叫作"有意注意"。还是拿学生上课这件事来说,为了做一个认真学习的好学生,即使不想听老师讲课,也要刻意让自己的注意力不东窜西跑,始终集中到课堂上来。稻盛和夫认为,无论干什么事情,这样做都有利于针对事情最核心、最本质的地方努力,做出正确判断。

稻盛和夫就有这么一个小故事。稻盛先生每天的工作日程排得很满,有些下属找他商量事情的时候,他经常忙到抽不出一点空来。但有重要的事情必须稻盛先生批准时,还是找不到他,大家就会在公司"半路拦截"自己的老板。

于是就出现了这么一种现象,只要稻盛先生出现在公司走廊,就会被前来汇报工作的下属拦下,直接在走廊里商量起工作内容来。这么做看似没有浪费一点工作时间,效率也很高,但后来出现了问题,就是稻盛先生时常会忘记下属和他商量过某件事。即使下属很确切地说出是什么时间在公司什么地点和他说过一个工作上的什么事情,稻盛和夫还是记不起来。

这样的情况发生几次后,稻盛先生意识到不能再这样下去了,他也意识到问题出在哪里。虽然员工是想要提高工作效率,但是在走廊这样一个随意的环境中商讨重要的工作,其实是很草率的行为。自那之后,稻盛先生规定,只要是和工作相关的事情一定要选在一个让大家注意力能够集中的地方商讨,如办公室、会议室这样较为安静的房间里。

稻盛和夫之所以这么规定,就是要让员工培养起"有意注意"的工作习惯,让大家的注意力真正集中在眼前商讨的事情上,而不是三心二意,这也是避免工作出现漏洞最好的方法。

那么,"有意注意"真的能主动培养吗?

稻盛和夫很注重工作现场的情况,他认为每个人想要的答案不在其他地方,就在问题发生的现场。例如,当研发过程中遇到产品无法达标的情况时,要找出问题所在,不用多想其他原因,就是生产产品的现场出了问题。因此,稻盛和夫会要求员工格外注意工作现场的细节,出现问题也让大家第一时间到工作现场去找答案。

那这个"注意"又要到什么程度呢?稻盛和夫是这么要求的,工作现场的任何产品生产环节,还有相应的时间变化,都要用自己的眼睛认真观察细节,用笔做记录,不能有半点马虎和疏漏。万一产品研发不成功,就不必考虑其他原因,直接对应到生产过程中的细节,到之前的工作现场找原因就行了,省时又高效。

除了工作中的情况,人生中需要"有意注意"的时刻也有很多。当我们遇到琐事分心时,大多数情况下无法专注于眼前的事,这时就需要用"有意注意"将自己拉回来;在一片嘈杂的人声喧闹中,如果无法静下心来写作,也需要让自己有意识地集中注意力,将强烈的意愿放到文字上,以此渐渐弱化周边的声响;当情感出现危机,也可以利用"有意注意"的方式来进行高效、认真的沟通交流。

"有意注意"是一种有意识的主观行为,做任何事情之前,先通过这种方式将自己的注意力高度集中起来,再让注意力集中到某一个固定的点上。这种有意识聚集的能量有助于更认真、更诚恳地处理当下的事情,还能让事情更有效率地完成,达到理想结果。

"京瓷哲学"怎么被说得那么简单？

> 京瓷哲学是通过实践得出的人生哲学，其根本在于"人应该具备的正确的人生态度"。采取这样的态度，每个人的人生都会幸福，企业也会持续繁荣。
>
> ——稻盛和夫

近几年广受追捧的"京瓷哲学"，也称"稻盛哲学"，有人用来指导自己的事业，也有人用来引导自己的生活。看得出，"京瓷哲学"不仅对商业人士有指导作用，同时适用于其他的方方面面。

"京瓷哲学"之所以被接受和认可，很大一部分原因在于它不同于其他理论性的哲学知识，它是京瓷创始人稻盛和夫用几十年来实实在在的企业经营和人生经历总结出来的具有实践性的哲学常识。

为什么把这样的"哲学"称为"常识"呢？在我看来，"京瓷哲学"的难易程度和日常接触的常识并无多大差异，没有什么难以理解的地方。凡是了解"京瓷哲学"的人都说，原来哲学可以这么简单啊！

2021年上半年，我受邀到拉萨市的攀登读书会和读者分享稻盛和夫的著作《京瓷哲学：人生与经营的原点》。由于在场的许多书友对"京瓷哲学"不是很了解，开场前我先让书友们猜一猜会有什么样的内容。大家对我的这一提议很惊讶，认为这么专业、深奥的"京瓷哲学"他们怎么猜得到？面对大家的疑问，我还是鼓励书友们大胆猜想一下。果不其然，大家猜出来的内容可以说是高深莫测，恨不得把天文地理、社会学、心理学等要多偏有多偏，要多难有多难的知识都想象到"京瓷哲学"中。

这也不奇怪，没有哪个人一听到"哲学"二字会觉得简单。其实，被人称为"哲学家"的稻盛和夫并不是一位真正意义上的哲学家，他也说过自己是哲学的门外汉。但今天，依然有很多人给稻盛和夫冠以哲学家的称号，这是为什么呢？我想是因为他思想所达的高度和深度早已堪称哲学家了吧。

很多人说"京瓷哲学"的内容真的很简单，但简单并不意味着就可以做到。越简单的事情，往往越容易成为一道解不开的难题。比如，谁都清楚要时刻保持乐观开朗的心态，这样有助于身心健康，可对于如今生活工作压力大的人们来说，就成了一件要专门"修行"的事情。

在《京瓷哲学：人生与经营的原点》一书中，稻盛先生总结出来的"京瓷哲学"一共归纳为78条，就是这不到80条的哲学条目，条条都简单到让人怀疑：这怎么会是哲学？但其内容真真实实涵盖了人的一生，包括工作哲学、经营哲学和人生哲学三大方面，条条都是稻盛和夫从自己人生实践中总结出来的精华。他的哲学的根本思想也很简单，就是"人应该具备的正确的人生态度"。

接下来就从"京瓷哲学"中挑选个别内容来举例分析。

在工作哲学中，稻盛先生主张要把事情简单化。稻盛和夫刚创业的时候，作为公司的领导者却连利润表和资产负债表都看不懂，经常把公司的财务总监弄得一脸尴尬。每次财务给他讲解表格的含义时，稻盛和夫总是听得云里雾里。

但是，无论表格多么复杂，数字多么繁多，多么让人搞不明白，稻盛和夫都不为所困。他明白一点，而且他认为这也是将复杂表格简单化的核心，就是在企业经营中其他的知识可以不知道，只要追求销售最大化和费用最小化这一点就可以了。如果企业能始终达到这样的标准，自然就会盈利，也能长久生存下去。

这是一种"化繁为简"的思维。在稻盛和夫看来，一个人能如此思考问题也是一种能力，因为只有那些能抛弃杂念用平常心来看待世界的智者才能做到。相反，总是喜欢将简单事情复杂化，生怕体现不出自己学识的人，往往是最不明白事理的人。

其次，在经营哲学中，稻盛和夫始终贯彻一点，就是顾客至上。稻盛和夫领导下的京瓷在产品研发中，时间、产品规格，甚至价格，都会秉承"取悦客户"的原则来处理。

在稻盛和夫的经营哲学里，经商的根本就是"无论如何都要取悦客户"。他认为只有客户高兴、满意了，生意才有机会合作成功，公司也才会因此获得订单而获得利润。

除了上面提到的要保持乐观开朗的心态外，稻盛先生还倡导人要有爱、真诚以及和谐之心。

"爱""真诚""和谐"是人生来就有的属性，那为什么还要倡导人们要拥有这些天生的属性呢？那是因为在人的本性中，除了美好的品质之外，还存在各种欲望，当形形色色的欲望变得越来越强烈时，总有一天会掩盖我们的"爱""真诚"以及"和谐"。

因此，为了不让作为人的美好本质消失，就要去提升自己的心性。首先要做到的就是抑制欲望，让美好显现。除掉利己心，开启利他心，不仅要爱自己，还要爱他人；不仅为自己着想，还要为社会、为别人着想，同时思考能为他们做点什么；不仅努力让自己幸福，也要让他人获得幸福，这样才是充满"爱""真诚"与"和谐"的人生。

无论是工作哲学、经营哲学，还是人生哲学，都属于"京瓷哲学"大智慧的范畴，看上去简单，容易理解，但却不普通，执行起来难度极大。其背后是"大道至简"的智慧，内容涵盖生活的各个方面。总体来说，"京瓷哲学"更像是一部人生指南，指引着人们如何度过更加美好的一生。

要想更深入地理解"京瓷哲学"，可以从京瓷的经营理念出发,琢磨京瓷经营理念中的深层含义。可以先阅读了解,再判断是不是真如我所说。

京瓷的经营理念就是,"在追求全体员工物质和精神两方面幸福的同时,为人类社会的进步发展做出贡献"。

如何用智慧让员工团结起来？

> 要想让公司发展壮大，只有让员工上下一心，相互信赖，从而形成一个具有凝聚力的强大集体。这样的集体一旦形成，不管遇到怎样的艰难困苦，都势必能做到毫无畏惧、披荆斩棘。
>
> ——稻盛和夫

京瓷的成立颇具偶然性又让人很感动，稻盛和夫被迫从松风工业辞职之后才开始创业，和稻盛和夫创业的其他几位朋友，只是单纯为了支持稻盛和夫的技术研发，才选择聚在一起开创新事业。

没钱、没场地、没资源，一群"三无人员"就这样开始了他们的创业梦。是什么支撑着他们走到了今天，是金钱吗？也许是，但最初创业的那班人不一定能预料到京瓷会取得今天这样的成绩，成为行业巨头，成为世界500强企业。那是梦想吗？可以这样说，毕竟大家是怀着让稻盛和夫独特的技术能够发展下去的崇高愿望才选择一起奋斗。

除了这些因素，还有一点非常重要，也是容易被忽略的一点，就是一股强大的凝聚力。当时和稻盛和夫一同创业的几个伙伴同样是从松风工业辞职出来，还都是20岁出头的年轻人，大家辞职后便毅然决定要跟着稻盛和夫干事业，血气方刚的年纪加上毫无二心的执着劲儿，在很短时间里就形成一个具有超强凝聚力的8人小团队。不仅如此，这几个年轻人还歃血为盟，真的按了血指印来表示创业忠心。这份激情和豪迈成了创业最初的原动力和凝聚力。

之后的企业经营中，稻盛和夫一直尽力教育员工，希望他们之间的关系能像亲父子、亲兄弟一般，在工作中坦诚相待，互相信任。

稻盛和夫这样的想法源于创业初期无依无靠的境况。他想，既然没有靠山，那就先依靠自己团队的力量，让京瓷自己人之间相互抱团取暖吧。由一个一个的个体组成的团队最难收服的一定是人心，但"人心"对稻盛和夫来说不是一个具有安全感的词，因为它很抽象。一向习惯把事情清晰化的稻盛和夫最后想到一个法子，就是干脆以家族概念来经营他的团队和企业。

稻盛和夫为什么会有这样的想法呢？想一想我们和亲人之间是怎样的一种关系，是不是会彼此关心，时常为家庭成员的安危着想，有好东西第一时间想到的就是和家人分享，遇到困难的时候第一时间伸出援手。即使家庭成员之间起了冲突，我们还是会顾及家人这层身份而不会把事情做绝,那份余地便是亲情的力量。稻盛和夫正是意识到这一点,所以主张"以大家族主义开展经营"。

大家族式经营模式的基本点是建立人与人之间的信任和依赖关系,当企业出现困难,大家能够像家人一样相互体谅、相互帮助,逐渐凝聚起家族纽带的韧性,以此来渡过难关。

但是,这其中存在两个隐患。一是当全体员工完全做到了团结一致,也形成了家人般的默契,会不会出现包庇行为呢?

这种事情发生的可能性非常大,稻盛和夫称这种问题为"娇惯",就是个别人利用"大家族"的宽容来徇私舞弊,或者搞裙带关系。而这么做势必会影响正常的工作,一味纵容下去,还会让企业的竞争力减弱。

二是,既然是大家族,那按照传统习惯,一定会有一个一家之主,他会像部落的头领一样引领着大家。那问题来了,何人来担此重任呢?

一般会考虑资历和辈分,选择让年长的人来掌管大局,但企业经营毕竟不完全等同于家族生活。在企业管理中,稻盛先生认为还是要选拔工作能力等各方面都出众,能够真正领导大家开创事业的人来担此重任。

虽然稻盛和夫主张企业实施大家族式的经营方式,但核心目的是希望企业内部能够形成团结互助的人际氛围,并不是只按照它的表层含义去执行,否则,就曲解了企业环境中的"大家族"

含义。在京瓷，从来都不会以一个人的学历、资历，甚至是辈分来衡量这个人的能力，绝对是要靠实力说话的。

在稻盛和夫眼里，合格的企业家和员工之间除了大家族成员之间的关系外，彼此还应该是伙伴关系。为什么是伙伴关系呢？稻盛和夫的一个行为说明了原因。在京瓷，即使身边有不少人反复劝诫稻盛和夫，他依然坚持全体员工都持有股份。对这件事，稻盛和夫的想法是，如果让大家都持有股份，那么大家就都是公司的股东，公司的发展命脉自然就掌握在每一位员工手里。公司和员工之间能够做到同呼吸、共命运，这才是最理想的企业状态。稻盛和夫认为，当员工看到自己努力付出之后公司股票得以升值，没有比这更好的激发员工干劲儿的方法了。

作为"创一代"的稻盛和夫，一直以来对与他共进退的干部员工坦诚相待。稻盛和夫也明确提出"京瓷不搞世袭制"，至于股份，也都是企业里的员工共有的。但稻盛和夫有一个条件，就是为了大家将来能够拥有更加美好的生活和工作环境，所有京瓷人必须团结起来，形成强大的企业凝聚力。这也正是在几十年企业经营生涯中，稻盛和夫让员工幸福、企业长久发展的智慧。

稻盛和夫的成功能否被复制？

> 有人认为京瓷的成功属于特例，但事实并非如此，京瓷的成功能够复制。
>
> ——稻盛和夫

稻盛和夫认为，他一手创办的京瓷如今取得的成功是可以被别人拿去学习的，学习之后还有可能再创造出第二个、第三个京瓷……但我发现，有这样抱负的企业家首先研究的或许并不是企业京瓷，而是它的创始人稻盛和夫的经营之道，这也是稻盛和夫能够具有如此盛名的原因所在。

所以，与其考虑京瓷的成功到底可不可以复制，还不如把问题简单化，先研究一下稻盛和夫的成功能否复制。

我们先分析一下稻盛和夫成功的因素，不过不可能一一涉及。因为在汇总之后，我发现稻盛和夫成功的因素实在太多。在这篇文章里，我只选其中三四点来着重解读。

首先，从大家熟知的"利他"说起。稻盛和夫说过这样的话："即便牺牲自己，也要帮助他人，这便是利他之心。"可以看出稻盛先生的"利他"不仅仅局限于企业经营中，同样也包括人与人之间的交往，甚至是国家治理层面。

"利他"听起来是一个美好的词汇，但又柔中带刚，"刚"在它难以做到。相对于"利他"，"利己"好像才是人类的本性。从出生开始，一个人便在不断获取，我们想要收获健康、收获学业、收获爱情、收获事业，等等，收获一切我们想要的东西。而且，这些东西最后只能通通归自己所有，谁都不想把自己的健康或爱情分给别人，这是人之常情。甚至有人还奢求获得更多，原因也简单，人的欲望没有止境，总想让自己过得更好一些。

也许有人会问，既然很多事情是作为人理所应当的，那又何谈对错？但在这其中有一个细节，就是要做到"以利他之心做出判断"，即使面对像爱情、健康这类人生大事的时候，我们依然可以做到"利他"。

在爱情里如果能做到"利他"，就该明白爱并非只能是拥有，反而可以是放弃，只要对方能开心幸福就好。又或是在面对死亡危险的时候，同样可以选择牺牲自己，让他人生还。

拿稻盛和夫来说，作为企业家，他时刻把员工和客户的利益放在首位，宁愿自己吃亏也要让客户满意，宁愿自己辛苦，也要为了员工的物质和精神层面的幸福去奋斗。同时，他还在为世人、为社会尽力做出贡献，这是一名企业家最大的"利他"体现。

作为一家企业的最高领导者，除了在大局观上要有"利他"之心，在日常事务上同样要分出一部分心思来。领导者既要大胆统筹企业整体事务，又要细心留意企业日常，该大胆时大胆，该细心时也需细心。

稻盛和夫认为这是一个企业家具有两面性的体现，并不是什么坏事。因为这样的人既能做到当机立断，又能遇事小心处之；既能冷酷无情，又能偶尔温情；既能理性十足，又可以感性动人。

除此之外，对于一个企业家来说，能够堂堂正正做生意，对自身也是巨大挑战。有些老板为了促成生意，合作时常耍一些小聪明，做些违规行为。有时是为了更好、更多地推销出公司产品，有时是为了讨好客户，让客户开心，但不论是哪一种，都是为了达成合作。

这样的小聪明一般不会被大家诟病，可在稻盛和夫看来，反而是一个大问题。试想，如果长期没人指出这种行为的问题，一定会有越来越多的员工效仿这种方式，其他人还视而不见，这样，只会让问题越积越多，以致问题越来越严重。

《京瓷哲学手册》中对这种违规办事方式有明确规定，一旦发现必检举，即使是刚到公司的新人都有权揭发，目的就是杜绝这种行为，让所有人养成公平竞争的习惯，创造出一个真正公平、公正的职场环境。

而作为企业领导者必须以身作则，这一点不仅仅体现在公司的大事判断上，更体现在一些个人行为上。在稻盛和夫的个人观点里，最为下等的人是那种行为卑鄙之人，所以他一定不会把自己的员工培养成这类人，也不允许自己企业中存在这类人。

比如，将客户赠送的礼品据为己有，并且认为这是客户给自己的东西，理所当然地接受。这在稻盛和夫看来是绝对不允许的，即便是客户所赠，那也是出于工作原因，所以关注点不是那点赠送的礼品，而是员工没有处理好公与私的关系。在稻盛和夫看来，正确的做法应该是先拒收，如果客户非常有诚意，一定要给，实在没办法拒绝，可以以公司名义收下，再将礼品全部上缴公司，由公司统一分发。

在稻盛先生看来，这无关礼品本身，而是要立规矩，将公私分明的意识刻在每位员工心里。

稻盛和夫不仅对自己的员工如此要求，对妻子也是同样。举例来说，因为公司配给稻盛和夫的是公车，而公车的使命就是代步工具，让身兼要职的人节省时间全心工作，所以和公司没有任何劳务关系的妻子自然不能乘坐公车。

令人欣慰的是，稻盛先生的这一做法并没有让妻子不高兴，反而赢得了妻子的赞同和敬佩，因此"公车私用"在稻盛家从没发生过。

我相信，一个人成功的因素一定有很多，但我更相信能够成功的人首先是对自己有严格要求的人。稻盛和夫从"利他""大胆与心细""公平公正""公私分明"等方面出发，严格律己，让自己先有规范可依，再分析事情作出正确的判断。这是一个企业领导者艰难的自我塑造过程，倘若创业者能照此要求自己，或许还真会出现下一个稻盛和夫。

企业经营也要"致良知"?

> 如果员工不幸福,谁来为客户提供最好的服务!
>
> ——稻盛和夫

稻盛和夫在78岁高龄时出山拯救破产的日本航空一事,如今已经被传为商界神话了。但不知有没有人想过,这一神话为何偏偏是由企业家稻盛和夫创造,而非其他企业家呢?想要解开这个疑问,就要从稻盛和夫所崇拜的中国文化说起了。

从不少媒体的公开采访中以及稻盛和夫的著作中,都可以知道稻盛和夫一直非常推崇中国文化,他把不少中国圣贤的所言所行当作指导自己做人做事的行为准则,其中以我国心学大师王阳明为最。

龙场悟道中,王阳明得出的一个核心思想就是,人还是要向内求,我们想要的一切其实都在自己的心里。这样参透世事人心的"阳明心学"影响了一代又一代有识之士,不仅日本企业家稻盛和夫崇敬王阳明,中国现代不少成功企业家也是"阳明心学"

的推崇者，可见其智慧深远，值得后世之人不断开发学习。

"阳明心学"的核心理念之一就是"致良知"。当年78岁的稻盛和夫正是凭借"致良知"这一根本理念坦然接受了重建日航的挑战，最后一举成功。

2010年日本新年时节，一则突发新闻冲淡了节日的欢快气氛，代表日本国家形象的日本航空因资不抵债、经营困难而宣告破产。紧接着，政府开始在全国范围内寻找能够担任重建日航领导人一职的人选。

稻盛和夫也在政府候选领导者的名单里，但由于他对航空业不熟悉，虽然知道了这个消息，也没太在意，加上年事已高，也不想再参与其中了。可结果怎么样呢？政府相关人员和社会各界一致认为，除了稻盛和夫外，日本还真没有其他人可以胜任此职了。最后，在三顾茅庐的邀请甚至可以说是威逼之下，稻盛和夫不得不出山接此大任。

"致良知"是我国传统文化中的思想精华，如果把它换成稻盛和夫的说法，又该如何理解呢？我想完全可以理解为稻盛和夫一直以来倡导的"动机至善，私心了无"哲学。"动机至善，私心了无"也是稻盛和夫在接受日航重建工作前考虑的最重要的一件事，他要确定自己是在没有一点私心的前提下接受这份挑战的。

当时，有人猜测稻盛和夫一定是有所图才接此工作，就连被拯救的日航员工中也有人这样认为。结果，稻盛和夫不仅不要一分钱报酬，还本着至纯至善的利他心提出了日航重建的"三条大义"，分别是：不要给日本经济带来负面影响；要保住日航几万名员工的饭碗；要发挥市场经济原理，维持正常的竞争环境。

稻盛先生用百分百的善意来证明自己拯救日航的初心，可惜当时的日本航空可以说是一个没人能管的烂摊子，内部死气沉沉不说，官僚气息还异常浓重。加上社会与媒体的不断批判，认为日航在稻盛和夫这样一个外行人的带领下还会二次破产，重建工作更加任重而道远。

但已经下定决心的稻盛和夫并没有被这些质疑影响，虽然连日航内部都到处流传着不信任的声音，稻盛和夫还是井然有序地安排着重建工作。稻盛和夫经常把"追求全体员工物质和精神两方面的幸福"的企业经营理念讲给日航的干部听，让大家以此为奋斗目标。没想到这样的作为却遭到不少人的反对，认为稻盛和夫这么做是在迎合工会，说一些好听的话，何况这样的大目标，企业根本不可能实现。

听到有人这样说，稻盛和夫一反常态，立马毫不留情地予以斥责。稻盛先生认为，一个连员工都不相信的人，是根本没有资格当领导的，要想经营好企业，必须从相信员工开始。只有干部先相信员工，员工才会相信企业，这样大家才会共同为企业付出各自最大程度的努力，这就是稻盛和夫经营企业的信念所在，几十年来他始终坚信。

持这种观点的根本原因就在于，稻盛和夫相信人是有良知的，并且人人都有良知，只是有些人的良知还没有被发现而已。而在企业管理中，也只有领导者先具备了良知，才能用自己的良知激发出下属的良知。

因此，若有干部不同意稻盛和夫把"追求全体员工物质和精神两方面的幸福"作为经营理念，他就会大发雷霆，认为这些干部根本没有把自己的员工当成有血有肉的个体看待，而仅仅是把他们当作一个个可支配的劳动力，如此对待员工正是稻盛和夫最不能容忍的地方。

面对如此多的难题，官僚体制横行的日航亟须意识改革。当初接手重建工作时，稻盛和夫并没有带多少人过去，只带了跟随自己多年的秘书大田嘉仁先生，并且让他负责日航的意识改革工作。

为了形成日航员工的一体感，让企业有属于自己的文化理念，熟知稻盛和夫思想的大田嘉仁先生首先以"京瓷哲学"作为参考，指导团队制定出日航哲学，同时在日航内部分层次开展意识改革工作。先从日航的领导人开始，实行领导人教育，然后面向日航全体员工开展哲学教育。

无论是稻盛和夫本人接受日航重建任务，还是他的秘书大田嘉仁先生，都秉持为日航3万多名员工的双重幸福去考虑的原则，这可以从后来确定的日航的经营理念中看出。

日航集团追求全体员工物质和精神两方面的幸福：

一、为旅客提供最好的服务。

二、提高企业自身价值，为社会的进步发展做贡献。

在日航的经营理念中，稻盛和夫将"追求全体员工物质和精神两方面的幸福"放在首位。他不允许自己的员工不幸福，如果那样，企业就无法顺利发展。员工才是企业持久发展的原动力。

在之前的日航，干部和下属之间几乎没有平等的交流，直到稻盛和夫到来，有些员工才第一次和自己的上司有了交流，让普通员工也感受到工作中的温情。对破产的日航来说，只有激发出领导干部为员工着想的良知，才能让企业重新找回活力，员工也只有收到来自领导者的真切关心和鼓励，才能为企业付出不亚于任何人的努力，企业才能发展壮大。

稻盛和夫认为良知应是人的本质，人应跟随自己的良知行事，让自己回归到真我，尤其是不能为了利益得失而忽略良知的存在。企业经营中，员工幸福与否就是领导者内在良知的体现，若把"致良知"作为出发点去经营事业，一定会获得意想不到的收获。

什么人能成为稻盛和夫的秘书？

> 我觉得，我之所以能留在秘书岗位上发挥作用，是因为稻盛先生给了我温暖的关怀，我从内心感谢他。
>
> ——大田嘉仁

2021年，有一篇文章突然大火，是一篇关于"董明珠22岁女秘书走红"的文章，这也是我写这篇文章的灵感来源。文章发表于某一期刊公众号平台，虽然没有作为那天的头条发布，但同样达到了"10万+"的阅读量，并在第一时间被各大媒体平台争相转发报道。

文章大部分篇幅都在大肆渲染这位22岁的姑娘，并猜测她将来会不会成为"董明珠第二"，一夜之间这位女孩成了全网红人。被董明珠夸赞有很强学习能力、又肯吃苦的这位姑娘之后也做出了低调回应，称自己只是一个普通打工人，也有很多不足之处，现在还远远不达董总的高度，只是幸运能在这样的平台工作，也欢迎大家多给她提出建议和意见，最后还不忘提到自己的东家格力，希望大家多多支持格力电器。

从这样诚恳、谦虚、周到的回应其实多多少少可以看出这位22岁姑娘的一些过人之处。不过毕竟才22岁，即便自身条件很优秀，是一支潜力股，也需要在今后的实际历练中继续完善人格，提升工作技能，相信目前我们看到的优秀绝对不是她的顶峰。

面对网友的关注，这位22岁的女孩也表示内心很惶恐，相信网友看到的那些光鲜背后一定有着不可言说的难处，毕竟做董明珠女士的秘书不是一件容易的事，这更不是一个普通人能胜任的职位。

做董女士的秘书尚且如此，试想一下，拥有两家世界500强企业的稻盛和夫，他的秘书又是怎样的呢？从当事人的一句话便可知道："最初的那段时间我实在是太紧张了，甚至很快患上了胃溃疡。"

稻盛和夫的秘书名叫大田嘉仁，大众最熟知他的事件是，当年跟随稻盛和夫一同去破产的日航着手企业的重建工作，并且负责重要的意识改革工作，取得了令人称赞的成效。作为拯救日航的亲历者和实践者，尤其是目睹了稻盛先生在整个重建工作中所做的点点滴滴，可以说，大田嘉仁先生是除了稻盛先生外，对日航起死回生过程最为了解的一个人。

大田嘉仁十分认同大他22岁的稻盛和夫的哲学理念，虽然两人分别出生于二战前和二战后，但却是鹿儿岛老乡，连出生地都在同一条街道上，或许是同乡水土生长出来的缘故，二人在价值观上有很多共通之处。

稻盛和夫有一个关于理想的理论，就是人要有渗透到潜意识的愿望，要想实现这个愿望，就要有一颗无论如何都要达成的心。对大田嘉仁先生来说，他从小就有一个想要了解西方生活的愿望，刚开始英语不好，他就拼命学习。当时的网络通讯并不像现在这样发达，大田嘉仁就通过广播等工具来获得信息。高中时期，由于准备升学考试，大田嘉仁错失了一个出国交换的机会，但这并没有让他放弃出国的念头。由于出国需要不少资金，上大学后，大田嘉仁为了自己的这个梦想开始勤工俭学，最后终于决定在大三的时候休学一年，利用这个时间去留学。

他不仅在国外学习了一年，还游历了不少国家。他最深切的感悟就是，人只要拼命去祈愿，梦想就是可以实现的，这和他回国后遇到的老板稻盛和夫的思想不谋而合。当然，祈愿是一方面，付出努力去实现也是必要的准备。

那大田嘉仁和稻盛和夫是如何结缘的呢？在大田嘉仁大四的时候，他把工作目标瞄准了日本当时发展势头正旺的京瓷。而京瓷在招聘新人方面一直要求严格，在大家口中是一家很难进的公司，但大田嘉仁还是鼓足勇气递交了申请。没想到当时的面试官就是社长稻盛和夫，更令他没想到的是，他顺利通过了面试，还被分配到国外营业部，负责北美市场的销售工作。

就这样，一切好像被安排好一样，如果没有当初毅然决然出国留学，或许就不会有今天面试成功这回事了，就连分配的岗位都那么对口。大田先生的这段经历也告诉我们，努力真的不会白费。

京瓷除了招聘严格外，工作强度也非常大，在进入京瓷后不久，大田嘉仁就深切地感受到这一点。他发现不管是老员工还是刚进公司的新人，几乎人人都会工作到深夜才回家，就连休息日也在出差的路上度过。但他同样发现，即使这样，却很少见到有人抱怨，大家的工作热情反而异常高涨，工作态度也十分端正。

在这样的环境中，激情满满的大田嘉仁也逐渐适应了京瓷的企业氛围。在大田嘉仁进入公司的第8年，又一件好像被安排好的事情发生了。当时京瓷有一个留学制度，用来培养公司内部人员，大田嘉仁凭着自己先前国外的学习经历，加上经常去美国出差等优势，再次通过了公司领导者稻盛和夫的面试，获得当年公司唯一一个培养名额，顺利去美国乔治·华盛顿大学商学院学习深造。

带薪留学除了让人有自豪感之外，还有一种使命感，拿到名额后的大田嘉仁就是这种感受。他暗自发誓要利用好这次珍贵的机会认真学习，将来回国好好报答老东家京瓷的培育之恩。最终，他以第一名的成绩毕业。而好运到这里不但没有停止，好像才刚刚开始。

在他学成归国后回到京瓷，迎接他的就是社长稻盛和夫的亲自邀请，希望他能利用自己所学来支持社长的工作。这对大田先生来说是一件再开心不过的事了，他当初想着要回报公司的愿望如今终于有机会实现了。

当然，大田嘉仁此时还并不是稻盛先生正式的秘书，而是临时行革审（即临时行政改革推进审议会）特别秘书，同时还有自己的本职工作。大田嘉仁前前后后负责了三年的行革审工作，并在工作顺利结束之后，才正式调职到秘书室，成为稻盛和夫的秘书。

时间转到20年后，此时的大田嘉仁已经是一个成熟、有实力的职场人了，负责的也都是公司重要的工作。最具挑战性的工作就是陪同稻盛和夫前往日本航空，接手日航破产重建工作。面对这次任务，他完美地再次实践了"稻盛哲学"，在意识改革工作中引导大家制定出让稻盛和夫都点头称赞的日航哲学。这样的工作成就，让大田嘉仁被媒体称为"稻盛和夫亲信中的亲信"，他无疑成了稻盛和夫工作中最信任的人。

到这里，我们可以了解到大田嘉仁成为稻盛和夫秘书的大概历程。有些事情看似顺理成章，其实背后是一个人的努力在不断推动事情进程。大田嘉仁正式成为稻盛先生的秘书是在1991年，那一年，他37岁。

所谓的生活惊喜，其实都在付出努力之后啊！

稻盛和夫如何通过"日航哲学"收获人心？

> 这是我经营哲学的根本，也是我不可动摇的信念。员工不幸福，企业就不可能顺利发展。
>
> ——稻盛和夫

任何一家企业都有自己的企业文化，这是企业长远发展的核心力量。当年日本航空破产，很大一部分原因也在于自己的企业文化，破产前官僚体制纵横的日航个人主义十分严重，根本没有把员工的幸福列入企业的发展规划之中。

为了提高企业一体感，在接受日航破产重建领导人一职后，稻盛和夫带着自己最信赖的秘书大田嘉仁一同前往日航开展重建工作，并把重要的意识改革任务交给大田嘉仁负责。考虑到要想团结日航全体员工，就需要有共同的企业目标，很快日航哲学应运而生。

我们较为熟知的是"京瓷哲学"，由稻盛和夫从企业经营和人生领悟得来的78条心得体会组成，并制定有《京瓷哲学手册》

供京瓷员工随时翻阅学习。"京瓷哲学"不仅得到企业内部员工的认可，也得到其他国家企业家的关注。基于"京瓷哲学"的广泛认可度，在去到日航不久后，大田嘉仁先生就开始负责监督意识改革团队来制定属于日本航空自己的企业哲学。

起初的制定过程也像当初稻盛先生接管日航时一样，受到不少人的质疑和阻碍。有人认为稻盛和夫的哲学只适用于他自己的陶瓷行业，而航空属于服务业，这样的哲学并不适用。其实这一反对是有原因的，因为在这之前，日航也实施过类似的哲学教育，他们还制作了一个手册《开放吧，日航》，结果虽然全体员工都学了，但其中的精神并没有渗透到大家心里，治标不治本，最后等于白忙活。所以稻盛和夫又要开展日航哲学制定工作，不少日航干部知道后立马站出来表示不愿重蹈覆辙。

大田嘉仁自然少不了要给日航的干部们做解说工作，并且表明这次制定的日航哲学有一点不同之处，它是完全从日航自己的特点出发来制定的，还要加入日航自己的案例，并不会照搬其他任何企业的哲学，就这样，日航的干部才同意一试。

最终，日航哲学在一片质疑声中制定完成，共40个条目，分为两大部分。第一部分是"为了度过美好的人生"，这一点完全体现了稻盛先生一直以来将员工的幸福放在首位的思维方式，他认为只有员工幸福了，企业才会变得强大，而且还是让员工物质和精神两方面都要得到幸福才行，因为对员工来说这样才是真正的幸福，物质幸福和精神幸福缺一不可。

不仅如此，日航哲学在首章节就引用了稻盛先生的人生方程式（人生·工作的结果=思维方式×热情×能力），并在接下来的内容中对方程式中各要素进行了分述。值得一提的是，方程式中"思维方式"部分所占比重最大，条目也最多，可以看出意识改革的重点首先在改变日航全体干部员工的思维方式上。也只有思维方式真正发生改变了，员工才有可能灵活处事，接下来的重建工作也才有可能实现。

日航哲学第一部分中也有我们较为熟悉的条目。比如，从事航空业"也要拥有美好的心灵""要把事情简单化""要具备谦虚和坦诚之心"。还有我们了解过的稻盛先生对于工作的态度，希望日航员工同样做到"认真、拼命地投入工作"，做一个"自我燃烧型"的人。当这一切都做到了，那"能力必定会提高"。

日航哲学的第二部分是"为了创建一个崭新的日航"，这一部分完全依据日航的现实情况制定。破产的日航想要重生，必然需要有自己的独特之处。

第一章设定为"每个人都是日航"，简简单单的几个字表明之前日航的问题所在。之前的日航是领导者的日航，是干部们的日航，就连员工教育也是针对正式员工，非正式员工连参与的资格都没有。而在稻盛和夫带领下的日航，是属于3万多名员工共同的日航，所有人与日航荣辱与共，尤其是没有了因为职位而产生的高低之分，为的就是体现一点：所有员工都是日航的主人。

此外，由于日航属于服务业，这一部分自然就加入很多日航自己的真实案例，内容深切又容易理解。例如，这一部分要求作为服务业从业者的日航员工不可马虎，要"对珍贵的生命负责"，大家齐心协力完成工作中的"最佳交换"，要注重工作现场情况，等等，每一条都依据日航自身特色，因地制宜地编写。

之前稻盛先生就任日航会长一职时，受到社会各界及媒体的强烈批判，这一次，当日航哲学公布于众的时候，再没有任何人发表异议。基于日本航空自身情况制定的企业哲学，出其不意地得到了所有人的认可。

当然，光有日航哲学还不够。紧接着就是所有日航员工的哲学教育，稻盛和夫要让日航的所有员工真正领会日航哲学的含义。京瓷有自己的哲学教材供员工学习，但当时的日航并没有这样一本属于他们自己的教材，于是有人提议反正都是哲学，就直接把京瓷哲学拿来学就是了。

这些话还没传到稻盛先生耳朵里，就被大田嘉仁否定了。因为大田嘉仁深知，即使稻盛先生听到了也绝对不允许他们这么做。原因很简单，就像企业哲学一样，京瓷哲学就是京瓷哲学，而日航哲学才是日航哲学。企业要拥有包含自己企业特质的哲学才好，不同企业有不同的哲学，重点在于一个企业要有符合自己文化特色的哲学。

不仅不能用京瓷现成的教材，日航员工还要制作属于他们自己的视频教材，在视频中融入自己员工的故事。只有自己人了解自己所处的境况，也只有自己人制作出来的东西才更容易被接受。

既然企业哲学是为了提高企业员工的一体感，那日航之前阶级明显的管理方式一定行不通，而且引来了一线员工的不满。大家甚至明确表态，他们十分喜欢航空业，却不喜欢日航！原因是有些非正式员工曾受到过日航的区别待遇，在职场中得不到公平的发展机会。

企业哲学是关乎企业中每一个员工的理念，所以稻盛和夫吩咐下去，不管是正式员工、合同工，还是派遣员工，都要去学习，还要一视同仁地学习。这在之前的日航是根本不可能发生的事，但在把追求员工的幸福作为"良知"去维护的稻盛和夫这里，是一定要倡导的事。

因为有了哲学教育，不少派遣员工第一次获得了和正式员工一起学习的机会，很多日航员工竟然第一次和其他部门的同事说话，也有些普通员工第一次和领导交流……

稻盛和夫说到做到，他用实际行动表明日航哲学中"每个人都是日航"这句话的真正含义。在意识改革见效后，不少日航员工竟然成了稻盛和夫个人的粉丝，有些年轻员工甚至自主举办学习会，主动学习日航的企业哲学。

大家认同稻盛先生在"以人为本"基础上制定的日航哲学，也心甘情愿地在以稻盛和夫为核心的团队中燃烧自己的斗志，为重建日航的目标真正贡献出自己的力量。

事业成功和"心"有关？

> 人的本质充满了真、善、美，充满了正确的、善良的、美好的东西。
>
> ——稻盛和夫

我国心学集大成者，非王阳明莫属，"阳明心学"的智慧不但能够强大一个人的内心，还能让人自我省察，明白"心"才是一切事物的根源。"心"呈现出来的真相才是处世的关键，也是做学问的奥秘，更是幸福人生的秘诀。人们遇事想不明白的时候，应该回归内心深处去寻找答案，这样一切将不解自通。

就像2010年稻盛和夫出任日本航空会长一样，面对即将破产、伤痕累累的日航，稻盛和夫仅用一年时间就扭亏为盈，并且实现了日航历史上最高利润，创下了商界奇迹，这其中最大的奥妙就在于稻盛和夫对"心学"的完美运用。

首先，稻盛和夫是一个有信仰的人，他相信一切真、善、美的人和事，认为人的本性就当如此。"人"本身，就是最有力的武器，能利用好"人"这一优势，就没有什么困难克服不了。

所以当年一进日航，稻盛和夫首先关心的就是员工怎么样了。稻盛和夫亲自去给日航的员工们打气，鼓励他们和自己一起努力让日航重生，这些并不是稻盛和夫嘴上说说而已的义气之词，而是稻盛和夫在诠释自己的核心指导思想"知行合一"。

作为企业管理者，稻盛和夫从实际出发，让自己的员工在物质和精神两方面都能得到幸福。他开始进行意识改革，制定日航哲学，开展全员哲学教育，这些都是稻盛和夫的"为"，并且一切所为都在他为员工从"心"着想的基础上进行。

稻盛和夫把员工作为他实施重建工作的核心，只有对员工有利的事，他才会去做。相反，对员工没有好处的事情，他坚决不会同意。举例来说，当年咨询公司提议通过裁员的方式来拯救日航，稻盛和夫想都没想就果断拒绝了，因为这一行为违背了他一直以来把员工作为企业经营核心的观念。损失员工的利益来换取公司的存活，稻盛和夫坚决不干。

这也是稻盛和夫仅用一年时间就让日航重现生机的根本原因。在日航的一年时间里，稻盛先生收获了日航全体员工的心。大家以他为荣，员工们认同稻盛先生的哲学，并心甘情愿跟随稻盛先生奋斗。

当企业出现问题，尤其是资不抵债时，大多数公司首先想到的就是通过减少员工数量让公司减压以继续发展。但领导者却忽略了一个问题，就是人是可以改变的，尤其是在经过磨难历练之后，大部分人多多少少能够从中获得成长。

那么，恰当的做法应该是什么呢？稻盛和夫的选择回答了这一问题，那就是在企业困难时期让员工和企业共同面对挑战。在正确的企业文化引导之下，员工的士气很容易得到鼓舞，大家的心发生了改变，行动就会自然而然跟着发生变化，最后何愁有什么困难不能渡过呢？

这里的问题关键在于员工们的"心"有没有和企业在一起，他们的心是否善良、美好。考虑到人心脆弱，此时就更需要正确的哲学来做引导。

稻盛和夫用"京瓷哲学"成就了他人生中的第一次辉煌事业，又在80岁高龄用日航哲学验证了自己一生积累下的京瓷经营哲学。成就的背后，永远不变的是稻盛和夫始终从一个人的良知出发，以"人"为根本，寻求员工心底最真诚、最善良、最美好的本质，用正向的哲学将它们聚拢、利用、升华，然后引导到实践中，这就是日航在稻盛和夫管理之下能够重生的根本原因。

事实表明，被稻盛和夫拯救后的日航活力满满。那日航之前又是什么样子呢？举个例子，之前的日航员工连领导视察时说声"欢迎领导"都觉得尴尬，原因是在冰冷的工作环境中，担心这样的话说出来会受到领导的指责，责怪他们是在给工作添乱。从这个例子可以看出，之前的日航氛围丝毫没有人情味可言。

稻盛和夫到日航之后，同样是去视察，却获得了来自日航员工发自内心的欢迎，大家甚至开始肆意表达自己的兴奋之情，毫无拘束。这前后的巨大变化，根本原因在于稻盛和夫这样的领导人到来之后先给大家做了示范，只有先释放了热情才会收获大家火一样的回馈。

可以说，是稻盛和夫的热情唤醒了员工们内心的热情，是稻盛和夫的真诚唤醒了员工们的真诚。爱出者爱返，我们对别人施以什么样的态度，大多会收到对方同等的回馈。如果主动释放美好，收获的自然也是美好，这是企业家稻盛和夫深信不疑的规律。

因此，在企业经营中，稻盛和夫会把员工放在第一位，真诚地为员工着想。当员工感受到来自领导者的善意时，也会通过努力工作这种方式来回报上司的这份爱。如此这般，企业何愁发展不起来呢？

在从"心"出发这件事上还有一个细节。稻盛和夫是一个特别低调的人，可以说是"低调做人，高调做事"的典范。在主持日航重建工作之时，稻盛和夫出差都选择经济舱，不仅如此，自己都是一个80岁的老人了，还会帮助身边的乘客取行李，这样的行为让人敬佩不已。

但稻盛和夫觉得这是再平常不过的事了，为客户提供最贴心的服务是每一位航空人的义务。自己虽然是日航的领导者，但同样属于日航人，因此这是理所应当的事，何况自己当时也是真心想要帮助身边的乘客。出于这些原因，稻盛和夫觉得这就更没什么好奇怪的了。

说是这样说，但我相信，恐怕没有几个有稻盛和夫这样成就的企业家，在对待客户方面，把"客户至上"诠释和践行得如此淋漓尽致。有了稻盛和夫这样的榜样，相信日航员工在遇到客户服务问题时，再没有什么做不到的事情了。

不仅如此，为了做好榜样，稻盛和夫在出差乘坐日航的飞机时，宁愿忍受西装的不舒服，也要坚决选择全程穿西装。因为他考虑到机舱里的人，不是日航员工，就是日航客户，作为日航的领导者，更要时刻注意自己的一言一行，用高规格来要求自己，时刻保持一种高度在线的精神状态。

那作为日航领导者，稻盛和夫乘坐日航时有没有什么特殊待遇呢？说到这件事，相信会让很多企业的领导者汗颜。稻盛和夫不仅会选择经济舱，还明令禁止日航员工给他特殊关照，有员工正好看到稻盛和夫乘坐日航飞机出差，想要给自己的领导一些额外照顾时，定会受到稻盛先生的斥责。因为作为日航的一员，稻盛先生的观点是，你最先应该服务的是你的客户，而不是你的老板。稻盛和夫和那些之前心安理得享受自己员工照顾的日航领导者有着天壤之别。

其实，这些思想和行为上的智慧和稻盛和夫崇拜中国的心学大师王阳明有着一定的关联。在经营企业的几十年生涯中，稻盛和夫也慢慢有了自己经营企业的一套"心学"，那就是时刻以员工的幸福为根本去经营企业。他永远相信员工，想员工所想，急员工所急，真正做到把员工放在心中，这也是稻盛和夫能够创造一个又一个商业奇迹背后最坚实的群众力量所在。

日航重建也符合人生方程式吗？

> 一直以来，我每天拼命投入工作，为的就是让这个方程式的数值最大化。而且，只有这个方程式才能解读我自己的幸福人生，才能解读京瓷和KDDI的顺利发展，以及日本航空的成功重建。
>
> ——稻盛和夫

日本航空的成功重建也符合稻盛和夫的人生方程式吗？

我的回答是：符合。

日航重建成功是在稻盛先生近80岁高龄的时候，而人生方程式是稻盛和夫中年时期靠着自己经营企业和前半生人生经验总结出来的智慧。

人生方程式的总结及应用，最先验证的无疑是稻盛先生的两家世界500强企业，京瓷与KDDI。两家企业顺利发展的背后就是"稻盛哲学"在做支撑，而"稻盛哲学"中不得不提的一点就是这一人生方程式，我们也可称作成功方程式。

有了京瓷和KDDI两大企业的成功示范，人生方程式这一哲学成果其实早已得到了大家的认可，但日航重建毕竟是一个特例。虽然稻盛先生拯救了日航，可日航并不是自己一手创办起来的企业，会不会在方程式的运用上存在偏差呢？虽然稻盛先生自己也曾表示过他的人生方程式可以用来解读日航的重建，但到目前为止，我确实还没看到过有人来具体分析此案例，这篇文章就来试一下，将日航这个特例放在稻盛和夫的人生方程式中看看，是否也同样适用呢？

稻盛和夫认为人生和工作的结果由三个要素决定，分别是"思维方式""热情"和"能力"，且它们之间是乘积的关系。用公式表示就是：

人生·工作的结果＝思维方式×热情×能力

我们逐个要素来分析一下，先来看看"思维方式"。思维方式不仅是人生方程式中最重要的要素，也是日航重建工作中最难的一点。有些人不是很理解"思维方式"的概念，其实可以将其理解为一个人的理念、思想，也可以是对待一件事的态度。

当时已经破产的日本航空简直就是一盘散沙，由于一直以来是官僚阶级在主导，所以在长期的经营中埋下了不少隐患，企业最后走到破产这一地步，和这样的官僚体制有脱不开的关系。

日航是二战后日本第一个运行国际航线的航空公司，在日本经济迅速发展时期，日航也顺势扩大规模，发展势头越来越猛。20世纪80年代，日航彻底超越其他航空企业，成为世界第一，当时的日航可以说是日本最具代表性的国际企业，在世界航空企业中占据着重要地位。

可惜好景不长，2010年，曾经风光无限的日航宣布破产，虽然企业自身也有重建计划，但是重建计划看上去也和日航冷冰冰的企业文化差不多，制定出来的各项条款更是让人难以接受。例如，在重建计划中，针对员工整改部分，就是再熟悉不过的老方法：裁员和降薪。与此同时，还要削减海外航线，让日航这样一家一流航空公司不得不开始"变卖家产"，出售大量大型客机。

对于一直在一流航空企业工作的日航员工来说，精神和物质受到双重打击，之前那种在大企业工作的优越感荡然无存，不仅如此，还要为自己的生计发愁。面对这种困境，日航内部到处充斥着绝望的气息。

稻盛和夫到日航后，看到他们这些重建计划，不能认同，随后直截了当地提出了自己的重建计划，就是他的哲学和阿米巴经营。这就慢慢有了后来日航哲学的诞生和对日航员工进行的哲学教育。

稻盛和夫要从"思维方式"上对日航干部和员工进行彻底的观念转变。之前，由于种种原因，日航人的思维方式都比较死板，甚至自私，这些在稻盛先生看来都不是正确的思维方式，而是负面的、错误的。按照稻盛和夫的哲学观念来看，人一旦有了负面的思维方式，即使这个人的能力再强，对工作再热情，他的工作和人生也不会令人满意，因为作为人最本质的东西就已经出错了，再怎么努力也是徒劳。

因此，在日航哲学中，稻盛和夫着重突出"作为人，何谓正确"的观点，从作为人最根本的美好本性出发，培养"利他""奉献"的思维方式。这不仅可以解决眼前的难题，更是一个人如何度过幸福人生的秘诀所在。

开展哲学教育也是如此。日航是一个集体，不是几个领导干部领悟了这样的道理就可以，要想重建取得成功，几万名日航员工必须形成一体认知。在正确的哲学教育下，所有人朝着一个目标共同努力，才会取得日航重建工作的胜利。

所以哲学教育要对全体员工实行起来，不能有层次阶级的分化。谁能学，谁又不能学，这种观念绝对不能存在。只有大家共同学习，才会共同成长，最终形成真正的企业一体感。

再来看一个要素，"热情"。对于面对破产现实的日航来说，热情恐怕是很难拥有了，整个环境只能用死气沉沉来形容。稻盛和夫的到来，首先给日航员工带来的就是冲破这一局限的能量，那就是日航缺失已久的热情，一种让大家绝对不可以灰心，一定要做成一件事情的热情。这种热情传递出来的正是：只要大家共同努力去克服这一困难，日航重建工作就一定会成功。

人类的情绪是最容易受到影响的，在这样充满斗志和热情的带领下，日航员工逐渐认识到正确思维方式的重要性，员工们甚至开始主动组织团队来学习新的企业哲学，真正做到对工作用心，对客户上心，日航员工的热情渐渐被点燃了。

最后，"能力"是人生方程式中的第三个因素。一家企业的能力如何，最核心的体现就是企业的员工。因此可以这样理解，员工的能力有多大，企业的能力就有多大。稻盛先生始终相信人的能力是无极限的，并且每个人都是如此，关键在于要有能够激发能力的力量。

破产的日航人员管理有问题不说，公司设备陈旧，财务系统薄弱，就连信息技术也滞后。在运用稻盛先生的阿米巴经营之后，这些问题都逐渐得到有效解决。不仅在技术能力方面，就连财务管理能力都得到了飞跃性的进展。

综合以上分析可以看出，稻盛和夫的人生方程式在日航重建中也得到了完美应用。日航3.2万名员工的工作和人生的幸福，在稻盛和夫正确的思维方式指导下、在日航哲学的引导下、在日航员工能力的不断提升之下终于得以实现。

随着这一次重建工作的成功，日航员工不仅保住了险些丢掉的饭碗，更收获了一份能让自己物质和精神两方面都得到幸福的事业。在此基础之上，日航每个人的人生模样也在悄悄发生着改变，向着更加美好、幸福的明天迈进，这就是企业家稻盛和夫在日航创造的奇迹，直到今天都无人能及，成为经营神话。

企业人的马拉松比赛是怎样的？

> 刚刚创办京瓷时，我曾以马拉松比赛做比喻，对仅有的 27 名员工讲述什么是企业人的长跑比赛。
>
> ——稻盛和夫

京瓷（创业初称京都陶瓷株式会社）创办于 1959 年，当年稻盛和夫 27 岁。KDDI 的前身之一 DDI（第二电电）创办于 1984 年，当年稻盛和夫 52 岁。在日本"经营之圣"稻盛和夫的经营下，这两家企业均跻身世界 500 强之列。

无论是京瓷还是 KDDI，在创办之初，稻盛和夫就抱着早晚有一天要成为行业巨头的目标在经营管理。即使中途遇到再多、再大的困难，他也从没想过要放弃自己的事业，反而一直向前走，并且垂直攀登经营高峰。这是稻盛和夫认为做企业应该具备的信心，也是做成一件事要有的决心。

有"经营之圣"之称的稻盛和夫把企业经营比作马拉松比赛。稻盛和夫非常喜欢看马拉松比赛，因为他认为这样的比赛重点不是结局，而是参赛时选手们的全力以赴。即使选手中途因体力不支而摔倒也没关系，站起来接着向终点跑就是了。因为具备了一心一意只顾奔跑的斗争心，选手终会到达终点，一个人也只有拥有这样的执着心，才会获得成功。

拿精密陶瓷行业来说，京瓷起步的时候，其实早有同行已经在路上奔跑，和他们产生的差距让稻盛和夫多少有些着急，但是稻盛和夫还是耐着性子在跑道上不断追赶。别人或许觉得这样的勇气已经很值得赞赏了，可稻盛先生觉得这么做还远远不够。那要怎么做才算可以呢？稻盛和夫要做的在我看来多少有些疯狂，因为他要保持百米冲刺的速度，实现追赶前面队员的目标。

马拉松是一场持久战，大部分人认为比赛时要保持先慢后快的节奏，这样可以保存体力，以备最后冲刺。但稻盛先生认为自己的起步已经比别人慢很多，所以不允许自己再以这样慢的速度前进，必须始终奋力冲刺才行。可以看出，稻盛和夫是一位严苛的企业家，他不认同普普通通的努力，他认为做任何事情都应该付出百分百的干劲儿。

恐怕没有几个人能以全程百米冲刺的速度来参加马拉松比赛，可想而知，稻盛和夫选择这么做有多辛苦。但在他本人看来并非如此，稻盛和夫觉得在追赶的过程中，自己的信心也会不断提升，有信心了，人的心情自然就会变得愉快起来。尤其是作为一名企业的领导者，看到通过自己的努力企业得到快速成长的时候，之前的疲惫早已烟消云散，取而代之的是开心和满足。

其实不断坚持，向前行进就是了，为什么还要始终保持百米冲刺的速度呢？不论速度快慢，只要坚持跑不就行了吗？这么做好像才是通常倡导的体育精神。可稻盛和夫不这样认为，原因也简单，他认为始终保持百米冲刺的速度，也是一种习惯养成。当一个人习惯一种奔跑状态后，就会慢慢将习惯变成常态，一旦有一天慢下来了，反而还会感觉不自在，因此最开始的速度定位非常关键。当然，稻盛先生还是站在企业经营的角度去讲对"百米冲刺"的理解。

"成为世界第一"是京瓷成立不久时稻盛和夫给未来发展定好的目标。因此，在之后的企业经营过程中，无论是员工管理，还是产品研发，京瓷都按照"成为世界第一"的标准严格执行。稻盛和夫将京瓷创业初期就开始执行的高标准一直坚持到"世界第一"目标实现的那一天，并逐渐形成一种特有的企业文化，就是我们今天常说的"稻盛哲学"。"稻盛哲学"的产生，验证了稻盛和夫经营方式的正确。

从"稻盛哲学"中，我们可以看到很多企业长久发展的秘诀。首先就是京瓷的经营理念："追求全体员工物质与精神两方面幸福的同时，为人类和社会的进步与发展做出贡献。"企业要长久发展，核心竞争力就是企业的员工，企业永远不可能在缺少员工的前提下经营。稻盛先生最明白这一点，所以他先让自己的员工幸福，只有员工真正幸福了，企业才会收获员工拼尽全力的努力和付出，从而获得长久发展。

想要长久发展，除了员工这一核心因素外，还有一个同样重要的因素决定着企业的生死存亡，那就是企业哲学。京瓷有"京瓷哲学"，被稻盛先生拯救的日航有"日航哲学"，任何一家企业都应该拥有具有自己企业特色的企业哲学，因为这是一切企业生存的根本，也是企业开展工作的主要思想依据。

稻盛先生把自己几十年来经营企业获得的经验总结起来，经过实践的验证之后，形成了统一、系统的"稻盛哲学"。他的企业就是在这样的哲学指导下一步步向着"世界第一"的目标迈进，他的员工也是在这样的哲学引导下，取得了物质和精神的双重收获。

稻盛和夫严格要求自己和企业始终以百米冲刺的速度发展，相信这样的要求会让不少人望而却步。但同时，稻盛先生又有他独到的见解，那就是他对和自己并肩作战的员工做到极致的善，不仅要实现他们的物质要求，还要为他们的精神需求负责。

这不禁让我想起一句话：管理是一种严肃的爱。

自古成大事者都需要经过一番长久斗争，最后能让他们坚持下来的众多因素中，一定有信念的力量。稻盛和夫曾经立下让京瓷成为"世界第一"的志向，可以想象，对于当时那个街道小工厂来说，这样的愿景势必遭到不少人的嘲笑和无视，明明是一家小工厂，却想要成为世界第一的大企业，听听就觉得好笑。

但稻盛和夫内心有一股力量，一种可以付出不亚于任何人的努力去向目标靠近的力量，他相信通过这种努力是可以实现自己的理想的。但同时,稻盛先生不仅自己相信这样的力量,还带领京瓷上上下下所有员工一起坚信,只有大家被统一的正力凝聚起来的时候,才能发挥出同等能量,实现共同进步。

企业人想要在马拉松比赛中取得好成绩,就需要有正确的企业哲学做引导,同时需要不断挑战,做成别人难以做成的事业,到达别人难以到达的终点,相信最后获取的也是别人难以企及的成功。

经营为什么需要哲学？

> 京瓷之所以成功，就像刚才我所介绍的，是因为京瓷具备了正确而明确的经营哲学。
>
> ——稻盛和夫

这篇文章的标题是整本书中唯一一篇并非出自我手的标题，它出自稻盛和夫2009年在北京大学做的一次演讲，当天的演讲主题正是"经营为什么需要哲学"，还有出版社以此为书名出版了相应书籍。我正是看了稻盛先生北大演讲的部分内容后深有感触，决定同样以"经营为什么需要哲学"为主题写一篇文章。

前段时间，有一位朋友知道我在写关于稻盛和夫的书时，好奇地问了我一个问题："稻盛和夫的哲学我读过，怎么那么简单，这么简单的知识你再去写解读，有什么可写的？"

这个问题我并没有直接回答，只是诧异这位朋友的问题竟如此直接。倒是有一点可以肯定，稻盛先生的哲学看起来确实简单，当然这里说的"简单"指的是它没有形而上的抽象，只要是读过点书、识点字的人都可以看得明白。

但我接下来反问她一个问题，让这位朋友哑口无言："是简单啊，但你能按稻盛和夫所说的做到吗？"

人们容易忽略看似简单的东西，并下意识认为它们不重要，其实二者之间并没有因果关系，只是许多人缺乏那份将简单的道理付诸实践的行动力。

经营为什么需要哲学？这个问题一出，好像容易理解为只要有哲学，企业就可以实现完美经营。但事实是这样吗？理论永远不可能独立存在，即使是稻盛和夫的"京瓷哲学"也是自己一生实践经验换来的成果，并不是他凭空想象出来的。而且在企业经营哲学的背后，是稻盛和夫个人的强大执行力，"京瓷哲学"里也包含着一个接一个的真实案例。

最为大家熟悉的就有三个例子：一是京瓷的成功；二是KDDI的成立；三是日本航空的起死回生。稻盛和夫用自己的哲学分别让这三家企业得到顺利发展，并且它们都是（或曾是）世界500强企业，难道这样有实力的案例还不足以论证"稻盛哲学"的有效吗？

稻盛先生也曾表示，他的哲学不是纸上谈兵，而是具有实践性的，不仅经过他自己，更是经过手下几万名员工共同考验的哲学。

还有一个问题，这些哲学只是稻盛先生个人的人生感悟吗？当然不全是，其中有相当一部分理论的灵感来自我国古代圣贤的思想。有一个众所周知的事实是，日本企业家稻盛和夫一直以来认可并崇尚中国文化。那融入中国文化的"稻盛哲学"为何在企业经营中占据着如此重要的位置呢？

首先，中国文化的博大精深在于它汇集了悠久历史中众多的优秀文化思想，在几千年的时间里，这些思想不仅指引着中华儿女奋发前进，同时也推动着世界思想不断进步。经过时间的洗礼之后，中国文化才最终傲立东方，成为东方文化的典型代表，被众多仁人志士推崇学习。

此外，稻盛和夫经营企业的秘诀与其说是哲学，倒不如说是一种做人做事要具备的正确思维方式，抑或是一种经营企业需要遵守的准则规范。

企业如何发展，达到怎样的愿景，少不了"哲学"来做前期铺垫和引导，否则大方向发生偏差，之后如何努力恐怕也只是徒劳一场；而"哲学"如果符合正确的为人之道，也符合为他人、为社会做贡献的终极目标，企业照此发展下去就有可能达到事半功倍的效果。

回到本文的核心来，经营为什么需要哲学？这里我们再换一个角度来思考。从日常思维出发，在生活中当我们需要一样东西的时候，是不是因为它对我们很重要呢？可能此时我们正缺少这样东西，所以才会产生需求感。

在稻盛和夫之前，没有听说过哪位企业家提出用"哲学"来经营企业，人们一向觉得经营企业是一门技术活，哪会想到和哲学挂起钩来。原因之一是我们对哲学的刻板印象，一听到哲学，就以为是作为学科的哲学，其实稻盛和夫的"哲学"与一般认知中的哲学有着本质区别。在解读了这么多稻盛和夫的哲学之后，我的理解是它更像是在给我们讲一种"理"，一种企业如何能够经营好的"理"，一种如何才能度过美好人生的"理"。

进一步思考另一个问题，稻盛和夫为什么要讲"理"呢？那是因为稻盛和夫认为在当今的日本，很多以前重要的道理现在正在被大家遗忘。例如老生常谈的那些美德，像谦虚、谨慎、助人、勤奋等，在21世纪的今天不仅被渐渐淡忘，有的含义甚至被扭曲。

谦虚是不求上进？谨慎是胆小怕事？助人是自找苦吃？勤奋是刻板老实？这样曲解含义的后果就是不少人做人做事开始失去底线，为所欲为，小到耽误了自己的人生，大到给他人、给企业、给社会带来灾祸。

另外一点，"稻盛哲学"今天之所以能够如此盛行，不仅是由于稻盛和夫本人超群的智慧，其实也是时代所需。在北京大学演讲时，北京大学国际MBA学院院长甚至提出，要把稻盛先生的《活法》作为教材给学生使用。原因是"以人为本"的企业经营不再是一门单纯的技术活，也要采用精神经营了，"术"和"德"应该放在同样重要的位置。

我又想到文章开头提到的我那位朋友的话。稻盛和夫的哲学看似简单，但真的简单吗？能读懂但能思考吗？能思考但能做到吗？能做到又能做对吗？就算做对了，又能坚持继续做下去吗？

写到这里，我有一个感觉，就是那些适用于企业发展的"哲学"，不止在经营企业的时候需要，我们的个人生活同样需要。而那些"理"，如果不加以强化、利用，说不定有一天一不小心就真的被我们忘记了。

打算动笔写稻盛和夫的哲学解读时，随便一列就列了上百条，最后归纳总结为如今的50个类别，并再次从中细化出50个核心点，作为书中各篇文章的标题核心来使用。作为曾经的稻盛和夫哲学著作解读的签约撰稿人，如今我最大的感触是稻盛先生的哲学不仅可写，而且可写的地方还有很多。只是而立之年的我，还有太多地方需要成长和学习，如今能够顺利完成此书的写作工作，已经倍感荣幸。

在整个写作过程中，从之前给出版社供稿到现在独立成书，我对稻盛先生的有些观点又有了新的认识，和之前给出版社供稿时有很大的不同。不得不说，撰写本书的经历也是一个个人成长的过程。感谢稻盛先生的哲学给我这个撰稿人也带来了生活和事业上的转变，再次验证了"稻盛哲学"的有效性。

极致的利他存在吗？

> 利他的极致表现是什么呢？那就是母爱。母亲守护自己的孩子时所流露出的爱，是利他的极致表现。
>
> ——稻盛和夫

在稻盛和夫的哲学里，"利他"思想是重要的核心观念之一，无论是经营中，还是在日常生活中，稻盛和夫都倡导大家要以一种"利他"之心和人共事，因为"利他"是作为人不可丢掉的本质。

顾名思义，"利他"就是做有利于他人的事情。但在这个过程中，付出一定是自愿、自然的，而不是故意为之。有人或许觉得这很难做到，那我认为这人应该是没有理解"利他"的真正内涵。按稻盛和夫的另一种说法，"利他"其实就是我们最常挂在嘴边的爱、体谅和关怀，再进一步说，就是一个人在不考虑自己利益得失的前提下，还能做到为他人着想。

或许一提到爱，我们会觉得"利他"容易理解不少。那有一个问题,在众多的爱中,哪一种爱是所有人都无法拒绝又有着与生俱来的特点呢?恐怕只有亲情这一种爱了。

人一出生即存在于一个复杂的关系网中,最基本也是最重要的角色是父亲和母亲,之后由这两大角色又延伸出更多的关系。至于友情和爱情,我觉得是一种衍生品,它具有可选择性,且丰富多样,唯独亲情具有唯一性和不可选择性。

相信我们对爱的最初了解是从亲情中获得的,"利他"也一样。稻盛和夫认为,要想做到"利他",首先要学习让所做的事情有利于自己的家人。我们要去关心、爱护身边的亲人,要让和自己关系最亲近的家人获得幸福。

爱家人是我们每个人"利他"之行的第一步,也是几乎人人都可以做到的一点,即使是工作中再冷酷无情的人,对家人还是会有另一副温情面孔,这就是亲情的力量。只有做到了爱家人,之后才会爱朋友、爱同事、爱伴侣,甚至是爱陌生人、爱集体,因为"利他"并不是一蹴而就的,需要层层推进。

在所有的"利他"之爱中,有一种爱是特殊的,因为它从来不计回报,甚至可以做到付出全部,包括生命。只有它才称得上是最无私、最纯粹的爱,因为"利他"就是这种爱的本能,那就是母爱。

稻盛和夫认为母爱是所有爱中最极致的一种爱,也是最极致的"利他"体现。

自古人们就喜欢吟诵伟大的母爱。母亲的爱是牵挂的情丝——"临行密密缝，意恐迟迟归"；孩子是母亲永远的思念——"老母一百岁，常念八十儿"；母亲的爱更是儿女一生都无法报答的恩情——"谁言寸草心，报得三春晖"。

稻盛和夫把母爱称为是极致的利他表现，我个人也很赞同。反过来，孩子爱父母其实也是一种利他体现，但可惜称不上是极致。存在于我们身边的一个普遍现象是，父母抚养子女成人之后，绝大部分子女会选择离开父母，去另一个地方追求属于自己的独立天地。在中国文化里，有"养儿防老""父母在，不远游，游必有方"的孝道之说，意在告诉我们身为子女也要承担起照顾父母的责任。

可子女即便能按此照顾到自己的父母，在企业家稻盛和夫看来，比起父母照顾子女，还是存在区别的，因为前者需要不断教育，而后者则是本能。因此，稻盛和夫建议在孩子的成长教育过程中，要加入子女孝顺父母一类的内容，否则即使是身为人类的我们，也恐怕难以做到长久孝顺。

母爱之所以成为极致的爱，并且能够做到极致的"利他"，其中关键一点就是母亲这一角色可以完全丢掉"利己"之心。当一个人不再考虑自己，把自身安危得失放置到他处的时候，利他心的光芒就开始显现，只是大多数人无法做到不去为自己着想，这才是问题的根本所在，也是只有母爱能够成为极致利他之爱的根本原因。

对灵魂也要有要求?

> 人生的价值在于,"让自己的灵魂在离世时比出世时更美好"。
>
> ——稻盛和夫

这一观点来自日本企业家稻盛和夫,在第一次读到这一观点时,我十分震惊。首先"灵魂"这个概念对我来说是虚幻的,也是抽象的,那怎么用实际行动让一个抽象的概念"变得更加美好"呢?其次,究竟是什么样的经历让一个人会把目光放到灵魂之上去思考人生价值,能这样思考问题的又是怎样的一个人呢?

稻盛和夫说过,他认为人生目的在于提高和磨炼我们自己的心性,具体来说,就是"为社会、为世人做贡献"。稻盛先生一生践行此道,人生和事业也都因此取得了意想不到的收获。在他经营事业功成名就之后,很多大学授予稻盛和夫名誉博士学位,他也因此收获了各式各样的荣誉。可越是如此,稻盛先生越是觉得这些所谓的荣誉称号根本没有多大的实际意义,尤其是在一个人面对死亡的时候。

恐怕没有几个人在濒临死亡时,注意力还在自己之前获得的那些荣誉上。一生尽自己最大能力为他人、为社会做些事情出来,让社会和世界因此变得更加美好,能够做到这些的人,稻盛先生认为才是最该得到勋章的人。我们发现,在生活中肯去帮助他人的人,起码是舍得给予的人,这类人乐善好施,会通过不断付出来磨炼自己的心性,让心灵变得更加美好和纯粹。

对个人而言,想要磨炼自己的心性,光是无条件地帮助别人是不够的,乐善好施只能说是一个很好的开头。对企业来说,每家企业的经营理念都不同,有的企业想要发扬光大自己的家族事业,传承家族品牌;有的企业则仅仅是想实现领导者的个人理想;当然,还有的企业是希望为自己的员工谋幸福。稻盛和夫经营的两家企业都遵循为员工寻求幸福的发展之路。

具体来说,稻盛和夫这种以员工为核心的企业经营理念,体现在他为所有员工谋求物质和精神两方面的幸福,这是稻盛和夫对自己经营企业最基本的要求。此外,稻盛和夫还要求自己尽最大努力去帮助他人和社会。有些网友质疑,对稻盛和夫这种行为持嘲讽态度,认为一个企业家不设法让企业获得利润,却整天想着怎么让员工幸福,是不是有点"不务正业"?

面对这种质疑,稻盛和夫也表明了他的态度。这些质疑和讽刺,他从来没有放在心上,反而认为一个不懂得为员工实际利益着想、对他人和社会也没有体现出利他心的企业家,到头来也很难经营好一家企业。

帮助他人，看似是给予、是付出，但帮别人其实也是在帮自己，稻盛和夫很明白这个道理。不仅如此，经营事业如此成功的稻盛和夫还懂得约束自己，虽然坐拥两家世界500强企业，但稻盛和夫一向保持着勤俭节约的生活习惯。

对一名成功企业家而言，能这样约束自己的行为实属不易，或许也会让人感到有些不解。相信有这样疑惑的人们，一定是从稻盛和夫的经济实力出发去看的。殊不知，稻盛和夫认为人的欲望是无限的，所以一旦事业取得成功就要懂得知足，否则容易滋生贪欲。对于很多有烦恼的人来说，贪欲本身其实就已构成烦恼的一部分，所以人一定要学会抑制自己过剩的欲望，只做作为人应该做的事。绝不能像莎士比亚笔下《威尼斯商人》中的夏洛克一样，虽然腰缠万贯，却是个极度吝啬、冷漠、贪婪之人，这样的人最后也只能落得个贻笑大方的结局。

稻盛和夫主张作为人应该做的事是去行善，是去约束自身，同时对于一个白手起家的成功人士来说，努力工作也是绝对不可忽视的一方面。稻盛和夫也很赞同工作、劳动带给人类的意义，他称此为"精进"。

面对艰难的生活，时常需要我们忍耐，不仅要忍受贫穷，还要忍受来自生活偶尔的不公平，经历过这个过程的人想必深有体会。这时如果还想继续提高自己的心性，磨炼灵魂，就要时刻学着去忍。"忍辱"是极大的智慧所在，这个过程一旦超越，就可以塑造出全新的人格，让身心都达到全新的境界。

最近因为撰写此书，整个人的精神变得有些紧绷，慢慢就导致失眠，个人状态不是很好。一天和一位前辈聊起此事，前辈建议我把写作时长延长一段时日，不要给自己这么大的压力，他说有时过大的压力并不是动力，反而会影响事情的进展。

我马上就采纳了前辈的建议。每天晚上写作结束后，我会按前辈说的静坐一会儿，在寂静的夜晚里，让自己的思绪完全放空，进而让身体也跟着放松下来。在这短暂的几分钟时间里，我不去想关于写作的任何事情，只是让自己尽可能去感受自我的存在，静下心来和自己对话，在对话中直面自己的喜怒哀乐。如果杂乱的思绪还是时不时跑出来，我会把静坐要达到的目的降到最低，仅从感受自己的呼吸开始。在经过几天的尝试之后，竟然很神奇地感觉到自己的状态在好转，起码没有之前那么急躁了。

稻盛和夫在65岁时做了三件大事：一是退任京瓷会长职务；二是接受胃癌手术；三是出家，成为一名佛家弟子。本篇文章到这里，我们其实已经将"出家人"稻盛和夫所信奉的"布施""持戒""精进""忍辱""禅定"逐一做了解读。稻盛和夫认为只有在这样的基础上持续不断地要求自己，才可能获得"智慧"。

稻盛和夫经营企业根本所在是做"作为人，应该做的事"，至于人们想要的财富、名望等一切外在之物，都是在做到这些基本的为人之道之后，自己的心灵得以净化，灵魂得以提升，才会自然而然获得的馈赠。

灵魂的美好也在于此，它是可以得到提升的。到底要提升到怎样的高度才算美好？虽然没有一个标准答案，但从稻盛和夫的哲学观念中可以确定的是，只要我们保持在生活和工作中磨炼心性的习惯，一生所为能让自己的灵魂在人生最后一刻比出生时更加美好，那么，人生价值就可以实现。